走进博物馆

我们的创新拓展日

城市发展

方向红 郑志英 主编

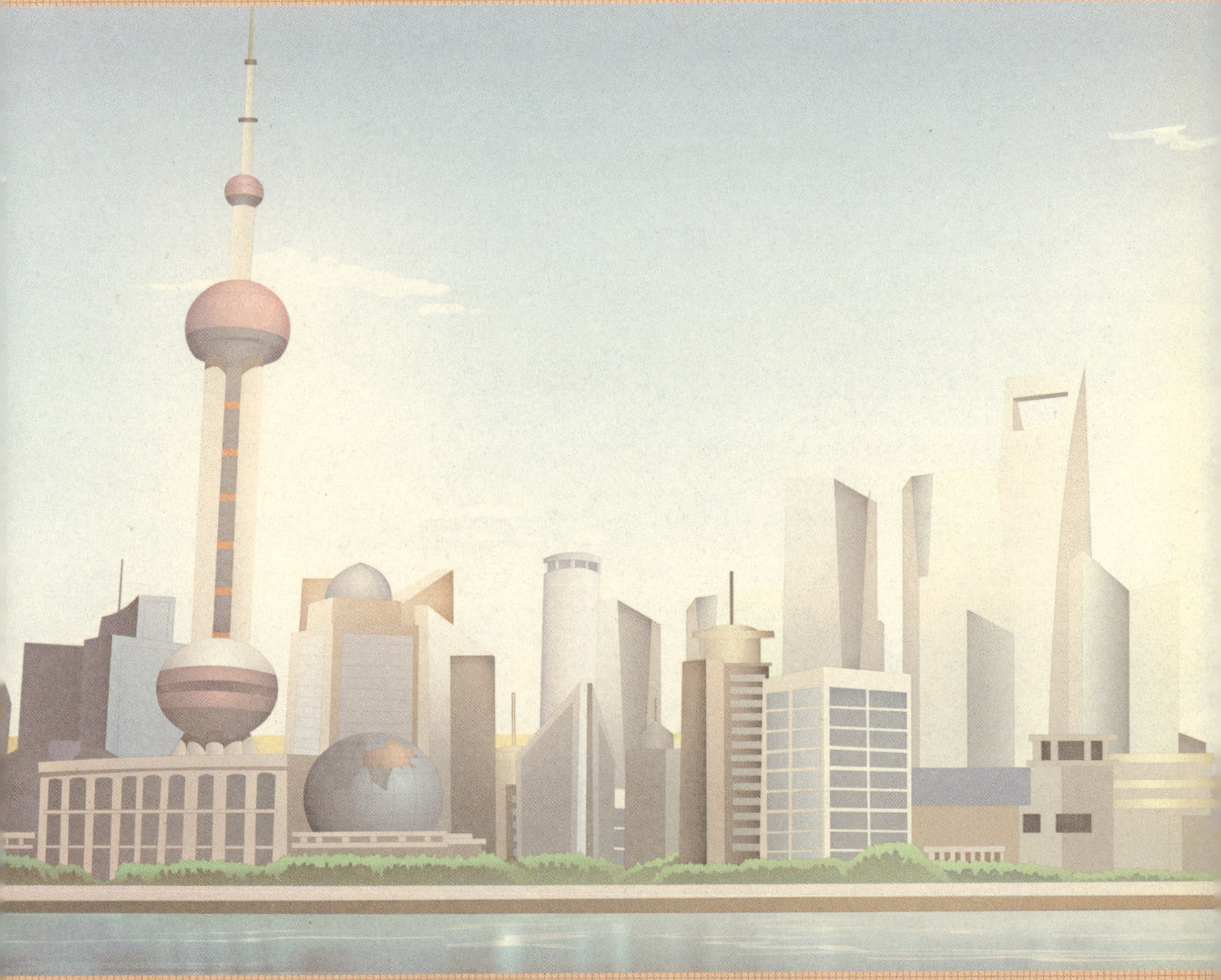

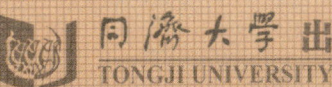

图书在版编目（CIP）数据

城市发展 / 方向红，郑志英主编．－－ 上海 ：同济大学出版社，2017.1
（我们的创新拓展日 ：走进博物馆）
ISBN 978-7-5608-6542-3

Ⅰ．①城… Ⅱ．①方… ②郑… Ⅲ．①城市建设－概况－上海－青少年读物 Ⅳ．①F299.275.1-49

中国版本图书馆CIP数据核字(2016)第230531号

我们的创新拓展日——走进博物馆·城市发展

策　　划	姚建中　朱爱民
主　　编	方向红　郑志英
责任编辑	那泽民
责任校对	张德胜
装帧设计	上海呼啦啦教育科技有限公司
出版发行	同济大学出版社
	（上海四平路1239号　邮编：200092　电话：021-65985622）
网　　址	www.tongjipress.com.cn
经　　销	全国各地新华书店
印　　刷	上海丽佳制版印刷有限公司
开　　本	787mm×1092mm　1/16
印　　张	7
字　　数	175000
版　　次	2017年1月第1版
印　　次	2017年1月第1次
书　　号	ISBN 978-7-5608-6542-3
定　　价	28.00元

"申""沪"的由来是什么?

地震时,我们应该怎么自救?

运动对身体有什么好处?

怎样在图书馆借书和还书?

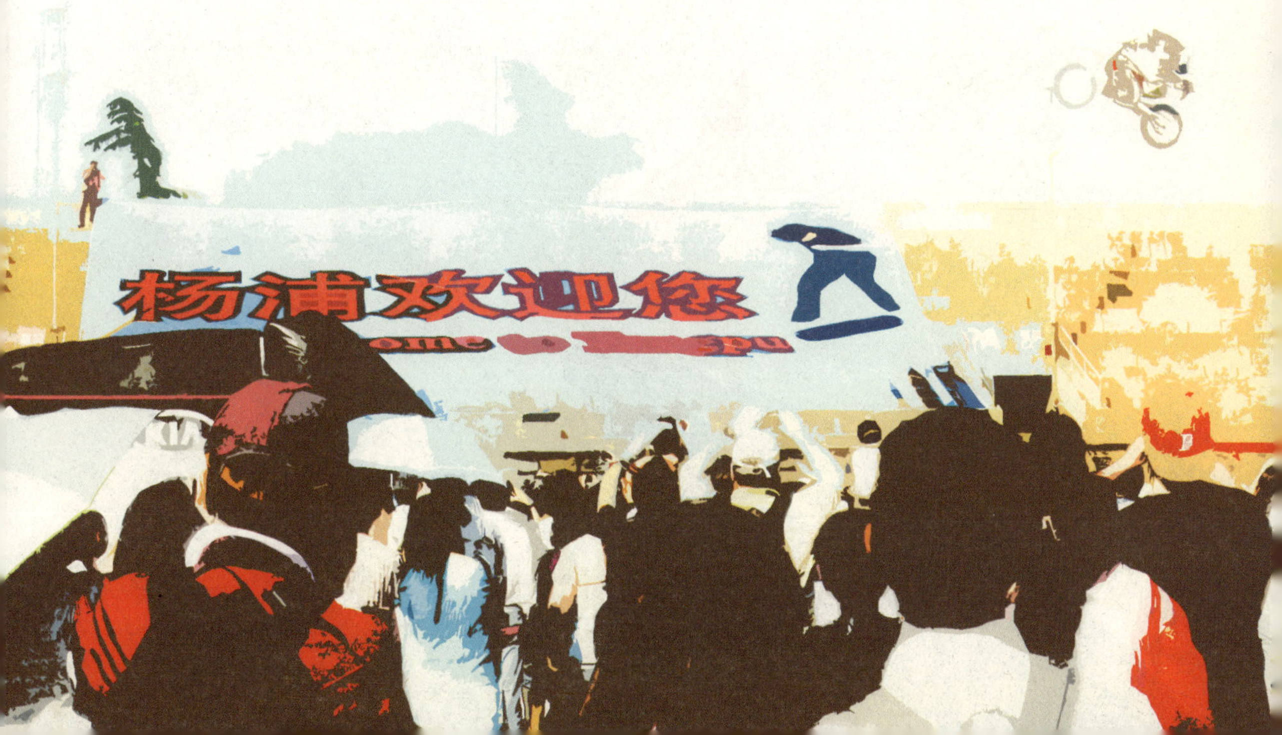

目 录

北外滩滨江绿地　　1

浦东图书馆　　13

江湾体育场　　25

上海地铁博物馆　　37

上海大剧院　　50

杨浦区城市规划展示馆　　63

上海城市规划展示馆　　75

上海民防科普教育馆　　90

北外滩滨江绿地

上海北外滩，曾是上海航运业的发源地，记忆里的北外滩文化底蕴深长：古老的外白渡桥、具有传奇色彩的上海大厦……如今，这一片经过改造，已经形成了美丽的北外滩滨江绿地。

北外滩滨江绿地位于虹口区南部滨江区域，西至河南北路与静安相邻，东到大连路与杨浦区相接，南界东大名路与黄浦区相交，北临周家嘴路沿线，是上海中心城区里市场基础扎实且中央商务功能相当完备的板块。整个外滩滨江绿地以黄浦江为主，结合沿江建筑，传承历史，中西合璧，辅以丰富的树木、植被群落，已营造出一个"亲水、通透、美观"的沿江景观，达到了为市民创造良好绿化休闲场所的目的。

小贴士

地　　址：陆家嘴环路（近新建路隧道东园路出口）
交　　通：公交13、155路；地铁4号线
开放时间：每天6：00～22：00

绿地行

如果你想观赏黄浦江两岸的美景，上海北外滩滨江绿地可为你提供绝佳的视角。

你可以悠闲地踏在绿地蜿蜒连接的江边，欣赏陆家嘴的建筑群；还可以享受园内"依山傍水"的风景；或是走上"彩虹桥"登高望远；同时，还能够近距离欣赏面江而建的漂亮的建筑。

彩虹桥

绿地的制高点是彩虹桥，彩虹桥造型美观大气，如飘带般舒展着。桥的一边是步梯，另一边栽种着花草，一条步道弯曲其上，令人眼睛一亮。

站在"彩虹桥"上，黄浦江和浦东陆家嘴的美丽景色一览无余。

一滴水

"一滴水"其实就是上海港国际客运中心的新客站，也是上海北外滩的地标性建筑。整个建筑造型呈水滴状，配装全玻璃幕墙，长82米、宽31米、高28米的大厅仿佛是天上落下的一滴湛蓝色的水，晶莹通透。

作为北外滩的核心建筑，它拥有无以伦比的非凡格调与独特魅力，聚集了顶级的浦江美景。

音乐之门

9层高的建筑中间镂空，像一个大门，这就是音乐之门。其间用钢构悬了三个不规则的球体建筑，蓝色、白色的两个形状如太空舱，另一个全为玻璃幕墙，如倒置的水滴。

据说，当初的设计理念是，悬浮于音乐之门中的三个建筑，就如三个音符，而建筑下面的铁制栏杆上，也全部饰以音符，正契合国际客运中心音乐广场的主题。

其他

绿地的树木郁郁葱葱，各种名贵树木遍布其中，是一处良好的休闲场所。在绿地的东部，可以看到十来栋玻璃外墙的商务楼，色彩丰富很漂亮，也是一道靓丽的风景。

东外滩

上海东外滩位于杨浦区南部滨江。东外滩依傍上海的母亲河黄浦江，原本是工业区，云集着很多的厂房和棚户建筑，在大多数人看来不是一个适宜居住的地方。但随着上海金融中心、航运中心的建设，东外滩迅速以"外滩第一站"成为申城的一大热点，被誉为未来的温哥华斯坦利森林。

东外滩已然成为黄浦江核心段崛起的新星，将与外滩源、北外滩、南外滩融为一体，构成一条立体的浦江风景线，重塑具有强烈都市特征的滨江华贵景致。

东外滩之滨江大道

滨江大道全长2500米，从泰东路沿黄浦江一直到东昌路，与浦西外滩隔江相望，是集观光、绿化、交通及服务设施为一体的沿江景观工程。它由亲水平台、坡地绿化、半地下厢体及景观道路等组成。凭栏临江，浦东两岸百舸争流，和外滩万国博览建筑群的动与静的结合，给人们无限的遐想，有一种移步拾景的意境，它犹如一条彩带飘落在黄浦江的东岸，被人们赞誉为浦东的新外滩。

东外滩之历史

百年工业，百年市政，使"东外滩"拥有众多的中国工业文明之最：中国最早的机器造纸厂、中国最早的自来水厂、中国最大的火力发电厂、远东最大的肥皂厂。然而时过境迁，"东外滩"今已风光不再。

衰落的产业，凋敝的江岸，凌乱的景观，成为上海水上都市形象的一大缺憾，与外滩、北外滩和小陆家嘴构成的"两岸三角"及世博园址的优美环境形成了巨大反差。

东外滩之未来发展

未来的东外滩主要分三大开发区域：复兴岛将打造成本市中心城区独一无二的环岛生态生活区，江浦路规划建成集休闲、娱乐、知识为一体的"渔人码头"，与虹口北外滩相连接的地区将构建"上海国际商贸综合服务区"。

• 复兴岛

在复兴岛江岸上矗立起和平之神雕像，作为进入上海水上门户的标志物，屹立东外滩，守望吴淞口。复兴岛亦将被打造为上海最高档的休闲、旅游、居住区之一。

• 渔人码头

东外滩将由"交通运输、渔船码头、工厂仓储"向"旅游文化、商业办公、海洋经济"转型。"渔人码头"滨江杨浦段开建，标志着杨浦老工业区进入形态、功能转型的关键时期。

杨浦区政府介绍，建成后的"渔人码头"将保持一般码头的功能，水上巴士等船只都可以停靠。此外，"渔人码头"的周边还将打造"渔文化圈"，包括"渔码头"博物馆，各种水产标本都将在博物馆展出。为突出渔文化，昔日穿梭于黄浦江上的"蓑舟"也有可能重现"渔人码头"。

• 商贸区

占地面积约80公顷。据悉，此项规划将依托杨浦区内国际大型采购中心的建设，并与虹口区"北外滩"开发相联动，其功能初步定位为以国际采购、商贸、办公、物流服务、各类中介等现代服务业为主导，同时在周边地区规划建设一批高档住宅，为之提供配套服务。

通过环境整治和建筑功能置换，挖掘地区发展潜力，使外滩源地区发展成为集文化、旅游、商业和休闲娱乐、公园绿化五大功能为一体的重要都市功能区。

学习单

北外滩滨江绿地，犹如一条镶嵌在黄浦江岸边的绿色项链。

问题角

景点大观览

1. 北外滩有哪些知名的建筑？
2. 北外滩滨江绿地游园规则有哪些？
3. 在北外滩滨江绿地可以看到什么？

知识小园地

1. 北外滩的由来？
2. "音乐之门"中，三个悬吊建筑的作用是什么？
3. 东外滩曾经有哪些工业？

探究园

1. 在北外滩滨江绿地，可以看到下面这些景物，它们分别是什么景点？

（一滴水）

（彩虹桥）

（音乐之门）

（东方明珠）

2. 游园规则知多少

（禁止骑行）　　　（禁止乱丢垃圾）　　　（禁止随地吐痰）

（禁止遛狗）　　　（禁止攀爬）　　　（严禁大声说话）

交流台

1. 你"游园"时可以选择下面的方式。
   - 家长同行
   - 伙伴同行
   - 在入口处看指示图——规划游园路线
   - 在入口处看游园守则——做文明的游园者
   - 其他

2. 北外滩滨江绿地是个美丽的地方。
   - 美在自然景色
   - 美在建筑风光
   - 其他

北外滩滨江绿地——浦江新貌

活动目标	了解北外滩滨江绿地是一个集多功能为一体的现代公共设施，培养爱护绿化，保护建筑的意识，感受浦江两岸的巨变。
活动准备	收集北外滩滨江绿地的相关资料。
活动内容	**活动一　初探美丽的北外滩滨江绿** 1. 参考上海地图，找找"北外滩滨江绿地"的位置。 2. 介绍北外滩的由来。 3. 自由分组，选择各自感兴趣的内容开展讨论。 　　讨论①：北外滩有哪些景点？ 　　讨论②："音乐之门"中，三个悬吊建筑的作用是什么？ 　　讨论③：上海有哪些绿地？ 　　讨论④：你知道游绿地要注意什么吗？ 　　讨论⑤：其他 4. 根据探究问题制作探究方案。 　　我的任务是收集 北外滩和东外滩 的资料，成果展示形式是 小报 等。 **活动二　参观北外滩滨江绿地** 1. 注意参观礼仪，确定参观路线。 2. 重点参观"一滴水""彩虹桥""音乐之门"。 3. 认一认，唱一唱音乐之门景点栏杆上的音符。 **活动三　北外滩与东外滩** 1. 介绍北外滩和东外滩。 　　• 历史　　• 未来发展　　• 其他 2. 与小伙伴说说，你眼中未来的上海会是怎样？ 3. 制作小报。
拓展活动	收集其他绿地的资料，着重介绍一个绿地的特点与特色。

浦东图书馆

图书馆是知识的宝库，搜集、整理、收藏了各种图书资料，它在文化传承中发挥着重要的作用。

在上海浦东有个图书馆，环境华丽、幽雅，功能齐全，藏书丰富。

浦东图书馆新馆用地面积约3公顷，藏书容量约200万册，阅览座位约3000个，新馆建筑造型为纯净、简约、大气的六面体形，分为地下两层和地上六层，建筑总高36米。

新馆已成为新区公共图书馆服务网络的枢纽，面向社会的文化教育中心，对外文化交流的重要窗口。

小贴士

地　　址：上海市浦东新区前程路88号

交　　通：公交1023、184、607、639路等；地铁7号线

开放时间：9：00~20：00（每周一9：00~13：00闭馆）

主题内容

漫步书海

阿根廷作家博尔赫斯说："如果有天堂，天堂应该是图书馆的模样。"浦东图书馆，仿佛印证了这句话。这座形如书柜的建筑，更像一块没有"围墙"、为人们眷恋的精神高地。

浦东图书馆新馆地上六层，由下至上每两层形成一个功能区，共三段，每段约10米高。

一、二层功能区

一层和二层以公共服务与学术交流空间为主，设有公共服务大厅、展览厅，大型演讲厅，中型和小型学术报告厅以及不同规格的读者活动（会议）室、培训教室，还有相对独立的少儿图书馆。

- 少儿图书馆

浦东图书馆少儿馆设立在浦东图书馆二楼，实行全天开放，全开架借阅，拥有藏书7万余册，报刊260余种，阅览座位200余座，配有先进的电脑多媒体，是浦东地区0~16岁少年儿童、家长和少儿教育工作者的文献信息中心。

少儿馆根据少年儿童的心理、生理特点，体现"以人为本"的服务理念。开展个性化立体服务。设有亲子阅览区、青少年阅览区、少儿信息苑、培训辅导区等六大区域。

三、四层功能区

三层和四层以普通文献借阅区为主，以大台阶、坡道、书架壁组成跨越三、四层的独特的"书山"空间。

- 普通文献借阅部

位于本馆三至四层，现有藏书 70 余万册，中外文期刊 4000 余种，海内外报纸 400 余种，所有文献均实行全开放借阅一体化服务，区域内无线网络覆盖，配置无线射频识别技术的借书还书系统。设有近千个阅览座位，阅览桌上配有电源插座供读者使用。读者在此既可阅览本馆文献，也可自带资料进行学习。

五、六层功能区

这里是专题阅览部以及办公空间。

五层设有金融、航运、政策法规、城市治理、教育信息服务、生活、时尚、艺术、浦东文献、国际博览、参考文献等专题阅览部，六层整体悬吊犹如"浮云"，安排了音像阅览部和数字化阅览部，以及内部办公区域。

- **音像文献借阅区**

音像文献借阅区位于图书馆六层西，区域内设置70余台影音视听和聆听机位，并配置一定数量的休闲沙发，有2间8人座影音鉴赏室，收藏音乐、戏剧、影视、科教、文化、历史、休闲等各类音像文献5万多册（张）。

免费向读者提供馆藏音像文献的咨询、检索、外借、阅览等服务，定期组织影音观摩（mó）、赏析、讲座及交流活动，开展音像文献制作、研究等深层服务，满足广大公众高品质视听资料欣赏、学习和文化休闲的多样化需求。

地下层

新馆地下一层为停车场和设备机房。地下夹层以坡道直通室外，夹层顶高于室外地坪，获得明亮通透的地上层效果，设有餐厅、厨房、视障者服务中心、文献储存库和珍善本书库、图书消毒装裱车间、采编工作部以及物业用房。

- **视障者服务中心**

本中心现有盲人书籍1300册，有声读物1万多盘，盲人专用电脑15台，听音设备10台，并配备盲文打印机、复印机、刻印机等各类视障专用设备。

中心常年免费开设盲人无障碍电脑应用学习班；为行走不便的盲人实行送书上门服务；定期开展各种读书会及征文活动帮助盲人融入社会。

我的小书库

古语有云："读书破万卷，下笔如有神。"的确，读书，可以拓宽我们的眼界，获得丰富的知识；读书，能引导我们明理，学会如何做个有修养的人。而读一本好书，尤为重要。

文学名著

《鲁滨逊漂流记》

鲁滨逊流落到了一个荒岛，他在孤岛上劳作生息，开拓荒地，圈养牲畜，生产水稻和小麦，年复一年与孤独为伴，克服了种种常人难以克服的困难。

《稻草人》

有一个老妇人，她的田里有个稻草人，稻草人为她看守稻田。可是，蛾子在叶子上面下了子。老妇人没看到叶子卷起来了。肉虫把稻子全吃了，稻草人给老妇人警告，可老妇人不知道。稻草人看到渔妇和鲫鱼很可怜，自己又不能帮他们，就伤心地倒下了。

《木偶奇偶记》

老人皮帕诺把一块能哭会笑的木头雕成木偶，于是有了生命的小木偶匹诺曹开始了他的冒险。最后匹诺曹从一个调皮、贪玩的小孩，长成了诚实、勤劳、善良、真真正正的男孩。

故事集锦

《三国演义故事》

东汉末年，连年混战，曹操的魏国，孙权的吴国和刘备的蜀国趁机崛起，形成三足鼎立、相对稳定的局面。不过，最终被大将司马昭统一全国，结束了三足鼎立局面，夺魏为晋，建立晋朝。

《三毛流浪记》

三毛是旧上海的一名流浪儿童，他没有家，没有亲人，无家可归，衣食无着。吃贴广告用的糨糊，睡在垃圾车里，冬天就以破麻袋披在身上御寒。

为了生存，他卖过报，拾过烟头，帮别人推过黄包车，但总是受人欺侮，而他挣到的钱连吃顿饱饭都不够。

主题内容

《东周列国志故事》

东周时期，也称春秋战国时期，群雄并起，诸侯争霸，烽火连天，华夏大地经历了一场迄今为止时间最长的大变革，演绎出许多流传至今、脍炙人口的经典故事，纵横捭阖（bǎi hé）的千古佳话。

科普读物

《我的野生动物朋友》

法国小女孩蒂皮，从小跟拍摄野生动物的父母在丛林长大，与野象相亲，同鸵鸟共舞，变色龙、牛蛙、豹子、狮子、狒狒……一个个给她带来奇趣、欢乐、惊险、幻想，最终都成为她最好的朋友。

《不知道的世界》

叶片有没有语言？植株有没有感情？为什么昆虫不走直线？臭氧层空洞究竟是怎样形成的……本书都一一为你解答。

《八十天环游地球》

福特与朋友打赌，要在80天内环游地球一周回到伦敦。他和仆人路路通千方百计克服了路途中的种种困难，意外和惊险接连不断，但福克却一直非常镇静和果断，可最终还是迟到了5分钟……

文化教育

《世界五千年》

大约300万年前，非洲大陆上出现了第一批人类（智人）的足迹。5000年以前，美索不达米亚人发明了文字，就这样，人类文明的历史开始了。

《父与子》

描绘了父与子的普通日常生活。父亲和儿子善良、乐观，遭遇困难不绝望，获得意外财富不忘本，一直过着许多人向往的快乐生活：平常而快乐，温馨又奇妙。

好书很多，大家应该多读书、读好书。一本好书，可以相伴终身，受益终身。

学习单

漫步书海,拓展知识,开阔眼界,打开新的世界。

问题角

图书馆知多少

1. 怎样在图书馆借书和还书?
2. 怎样用最短的时间寻找到一本自己喜欢的书?
3. 图书馆书籍摆放的位置有什么规律?

我爱读书

1. 你读过哪些书?
2. 说一说你最喜欢的一本书的内容。

探究园

1. 在图书馆内,我们不可以做什么?
   - 撕毁、涂划、折叠,损坏文献资料
   - 在阅览室的桌上、墙上涂写、刻画
   - 在室内使用手机、喧哗、奔跑
   - 其他
2. 下面这些书分别是哪个国家的作者创作的?

（中国）　　　　　（法国）　　　　　（芬兰）

3. "桃园三结义"的故事出自哪部文学名著？（《三国演义》）

4. 我国的图书馆历史悠久，只是起初并不称作"图书馆"，而是称为"府""阁""观""台""殿""院""堂""斋""楼"。那么"图书馆"的名字是怎么来的呢？
   <u>外来词，从国外传到我国的。</u>

交流台

1. 说说你看过的最喜欢的书。
   （1）我最喜欢的书有哪些？
   （2）从这些书中，我可以获得什么？
   - 学到很多的道理
   - 了解到不一样的世界，开阔了眼界
   - 与主人公一起经历，一起成长
   - 其他

2. 与小伙伴一起分享你看过的好书吧！

浦东图书馆——书海徜徉

活动目标	了解有关图书馆的知识；熟悉在图书馆里借书和读书的规章制度；读一些好书与名著，培养阅读的习惯。
活动准备	收集图书馆图书的陈列、借书环境等相关资料。
活动内容	**活动一　走进浦东图书馆** 1. 介绍浦东图书馆的格局、藏书内容等情况。 2. 自由分组，选择各自感兴趣的内容开展讨论。 　　讨论①：图书馆的作用。 　　讨论②：各类书籍摆放的位置和规律有哪些？ 　　讨论③：怎样用最短的时间寻找一本自己喜欢的书？ 　　讨论④：你最喜欢的书是什么？ 　　讨论⑤：其他 3. 根据探究问题制作探究方案。 　　我的任务是收集 我的小书库 的资料，成果展示形式是 记录单 等。 **活动二　参观浦东图书馆** 1. 读一读图书馆借书和读书的规则。 2. 重点参观"少儿图书馆"，在里面挑选一些自己喜欢的书籍阅读。 3. 收集"我的小书库"的精品书名。 **活动三　我的小书库** 1. 介绍"我的小书库"中精品书。 2. 规划读书计划。 3. 设计班级图书角。 　• 讨论图书角需要解决的问题 　• 策划图书角的管理制度 　• 筹备书籍 　• 装饰图书角
拓展活动	收集有关古今中外图书馆的资料 　• 上海图书馆　　• 国家图书馆　　• 其他

江湾体育场

"生命在于运动",由此可见健康的身体需要一定的运动来保证。运动会使人精力充沛、免疫力增强、体重适当、体型匀称;也能让人反应灵活、睡眠质量提高……如果你是热爱运动者,可以去江湾体育场。

上海市江湾体育场,原名"上海市体育场",由中国著名建筑师董大酉(yǒu)设计,始建于1934年8月,1935年10月建成后投入使用,当时是远东最大的综合性的体育场馆。

江湾体育场占地面积360亩,包括体育场(可容纳42000人),体育馆(可容纳3500人)和游泳馆(可容纳2500人)。几十年来,江湾体育场先后举办了多项大型国际国内体育比赛,上海多支运动队曾驻地江湾体育场,为国家输送了大批优秀运动员。

江湾体育场已成为广大市民交流互动、休闲娱乐、运动健身的一站式新平台。让我们一起加入体育锻炼,拥有健康身体,快快乐乐地成长吧!

地　　址:上海市杨浦区国和路346号
交　　通:公交8、55、59、61、139路等;地铁10号线
开放时间:9:00~21:00(全年无休)

主题内容

我运动，我健康

江湾体育场的三个体育场馆的墙面由清水红砖及斩假石砌成。由中国著名建筑设计师董大酉主持设计。气势恢宏的牌坊式建筑，辅以飞檐（yán）梁柱，并运用了中国传统的云纹、火焰纹、莲花纹等雕饰，还建有西式的拱门环形长廊，这些融合中西方建筑元素的设计，造就了当时功能性堪称"远东第一"的体育场。

体育场

江湾体育场历史悠久，建成于1935年，曾有"东亚之最"的美名，是一座拥有80多年历史的上海市市级文物保护单位和优秀历史建筑。修缮（shàn）之后，现已成为一处内场可同时容纳几万人同时观看的大型体育或文化活动的理想场馆。

　　体育场设计采用链锁式布局，古堡式建筑，庄严宏伟。大看台为椭圆形两层钢筋混凝土建筑。田径场为标准400米半圆式跑道及3000米障碍道，中央为69米×104米的标准足球场。

体育馆

　　体育馆是全封闭的综合体育场馆，是有着钢架结构拱形顶的两层建筑。体育馆中央为双层地板球场，可举行篮球、排球、羽毛球、乒乓球、手球及体操、摔跤等项目比赛。后部有1个练习馆,可供赛前活动用。前部设宽敞的观众休息厅,两边为运动员、裁判员的休息室、盥洗室及器材用房。

除了主要的比赛用场地外,体育馆还有更衣室、新闻媒体中心、贵宾室等配套辅助设施,全方位地为客户提供各种服务。

游泳馆

游泳馆是上海市市级历史保护建筑,为两层钢筋混凝土建筑。

游泳馆拥有标准池及为儿童准备的娃娃池两个泳池。标准池宽20米,长50米,水深最浅处为1.2米,最深处为2.4米,常年水温保持在28摄氏度左右,体感舒适,可举行游泳、水球比赛。专为儿童设置的娃娃池水深

为60至70厘米左右,常年温水,让孩子能安全惬(qiè)意地尽情嬉(xī)戏。

其他

在江湾体育场主场场外辟有标准足球场、棒球场等。此外,设有园林地带6万平方米,设有假山、池塘,植以梧桐、垂柳,衬托白石红墙,环境幽美。

主题内容

阳光运动

运动有着强身健体、娱乐等功能,相信大家在学校都参加过体育活动。体育运动项目有很多种,你们都参加过哪些运动项目呢?最喜欢哪种运动呢?有没有自己坚持的运动项目呢?

选择一种自己喜欢的运动,坚持下去,既能锻炼意志力,还能收获健康的体魄。

跑步

跑步是常见的运动,也是人们最常采用的锻炼方式,这主要是因为跑步技术要求简单,无需特殊的场地、服装或器械。无论在运动场上或在马路上,甚至在田野间、树林中均可进行跑步锻炼。各人可以自己掌握跑步的速度、距离和路线。

跑步注意事项：

1. 跑步姿势要合理

上身应挺直并略前倾，双肩放松，双肘自然弯曲，双臂有力地在身体两侧前后摆动。跑步过程中，双足有弹性地全足着地，步幅无须大，但步频与步幅要基本保持均匀。注意身体重心稳定，不要有大幅度起伏。

2. 跑步中的呼吸问题很重要

呼吸要有一定节律，可鼻、嘴同时呼吸。每一次呼吸要注意尽可能地将气体从肺中呼尽，以增大有效的换气量。

游泳

游泳是人在水的浮动作用下产生向上漂浮，凭借浮力通过肢体的活动，使身体在水中前行的运动。

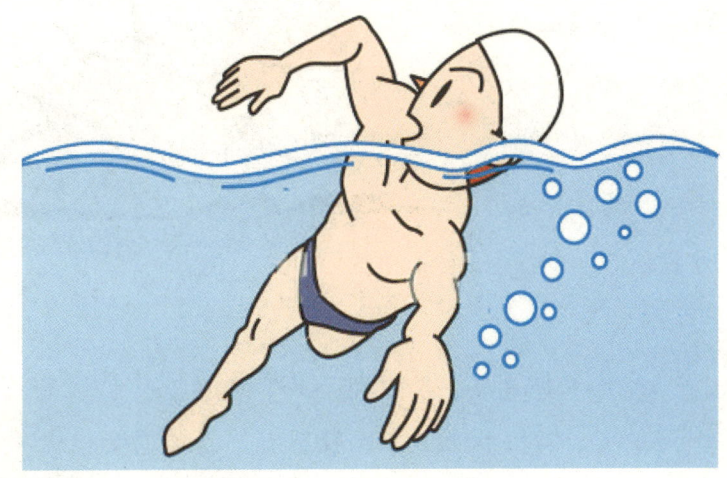

常见游泳姿势有自由泳、蛙泳、蝶泳和仰泳。

- **自由泳**

自由泳对技术没有规则限制，是最省力的一种游泳姿势。

• 蛙泳

蛙泳是一种模仿青蛙游泳动作的游泳姿势,也是一种最古老的泳姿。人体俯卧水面,两臂在胸前对称直臂侧下屈划水,两腿对称屈伸蹬夹水,似青蛙游水。蛙泳姿势比较优美。

• 蝶泳

蝶泳,从外形看,好像蝴蝶展翅飞舞,所以人们称它为"蝶泳"。蝶泳爆发力最强。

• 仰泳

仰泳又称背泳,是一种人体仰卧在水中的游泳姿势。由于头部露出水面,呼吸方便;躺在水面上,比较省力。因此深受中老年人和体质较弱者喜爱。

游泳的好处非常多,能够改善心血管系统、提高肺活量、加强皮肤血液循环、增强抵抗力,还能够减肥、健美形体。

跳绳

跳绳是一项极佳的健体运动，能有效训练个人的反应和耐力，有助保持个人体态协调性，从而达到强身健体的目的。

跳绳也是一项简单方便、容易参与的运动，只需一条绳、轻便衣服及一双舒适的运动鞋便可。跳绳花样繁多，可简可繁，随时可做，一学就会，因此成为现今在全世界流行的健身方法。

打羽毛球

羽毛球是一项室内、室外兼顾的运动。依据参与的人数，可以分为单打与双打。

打羽毛球时，要在场地上不停地进行脚步移动、跳跃、转体、挥拍，合理地运用各种击球技术和步法将球在场上往返对击，从而增大了上肢、下肢和腰部肌肉的力量，加快了锻炼者全身血液循环，增强了心血管系统和呼吸系统的功能。

打羽毛球运动比较剧烈，所以运动前，热身运动很有必要，以免给身体带来损伤。除了要充分做好热身活动外，健身时还要选择合适的锻炼场所和舒适的运动装备，只有这样才能充分享受运动带来的乐趣，让快乐与健康同在。

学习单

江湾体育场，集体育比赛、文体演出、健身休闲、餐饮娱乐于一体。

问题角

场馆知多少
1. 标准的足球场有多大？
2. 江湾体育场是由哪三大建筑构成？
3. 上海有哪些知名的体育场？

运动生活
1. 你知道游泳要注意哪些事项吗？
2. 你最喜欢的运动是什么？
3. 运动对身体有什么好处？

探究园

1. 想一想，下面这些图标分别代表什么运动。

（跆拳道）　　　　（游泳）　　　　（体操）

（自行车）　　　　（曲棍球）　　　　（拳击）

（羽毛球）　　　　（乒乓球）　　　　（射箭）

2. 运动前一般要进行热身活动，为什么？
   - 避免拉伤韧带
   - 让身体适应运动的状态
   - 提高肌肉的伸缩性让肌肉更有弹性，动作更加灵活
   - 其他

3. 你在五角场江湾体育场看到了什么？

   - 2007年特殊奥林匹克世界夏季运动会的徽标
   - 中式庭院
   - 足球场中有70000个座位
   - 足球场四周有塔灯
   - 其他

交流台

开展"我演你来猜"活动。

（1）预演帮帮看
   - 通过看书或影像资料琢磨运动项目的特征
   - 选择有代表性容易表演的
   - 综合运用表情、手势、姿态等来表现运动项目的特点
   - 其他

（2）我演你来猜

上台表演一种运动姿态，让大家猜一猜这是什么运动项目。

江湾体育场——我运动，我健康

活动目标	了解上海江湾体育场的历史和体育场的布局、大小、方位，以及各场馆适合的体育项目。了解一些体育运动项目，激发对体育运动的热情。
活动准备	收集运动项目和上海江湾体育场的资料，了解一些体育运动的项目。
活动内容	**活动一　走进江湾体育场** 1. 介绍江湾体育场场馆历史、建筑、赛事等相关内容。 2. 自由分组，选择各自感兴趣的内容开展讨论。 　　讨论①：标准的足球场有多大？ 　　讨论②：江湾体育场是由谁设计的？ 　　讨论③：运动对身体有哪些好处？ 　　讨论④：运动前为什么要进行热身活动？ 　　讨论⑤：其他 3. 根据探究问题制作探究方案。 　　我的任务是收集 _怎样阳光运动_ 的资料，成果展示形式是 _宣传单_ 等。 **活动二　参观江湾体育场** 1. 重点参观"体育场""体育馆""游泳馆"。 2. 收集"阳光运动"的资料。 3. 选一个你喜欢的运动项目，运动起来。 **活动三　阳光运动** 1. 介绍一些常见运动项目。 2. 我演你来猜。 　• 选择自己喜欢的运动项目 　• 运用表情、手势、姿态等来表现运动项目的特点 　• 猜一猜 3. 组织开展一个小型运动会赛。
拓展活动	1. 组建小组，设计健身运动计划表。 2. 深入了解一位奥运冠军。

上海地铁博物馆

地铁让我们的出行更加便利，生活空间更加宽广。

上海地铁博物馆是目前国内唯一的地铁博物馆，以"安全地铁、科技地铁、绿色地铁、人文地铁"为主题，整个展馆沿着地铁这条轨迹，分别以上海地铁的发展历史、地铁功能、地铁文化、地铁安全、世界地铁等几大板块进行布展。

走进展厅，独特的流线型开放式空间设计，无不彰显地铁的速度、时代感和张力。上海地铁博物馆丰富的展品和新潮的展示方式，让人难以忘怀。

地　　址：吴中路1779号（近紫藤路）
交　　通：公交776、87、753、867路；地铁10号线
开放时间：周二至周日9∶30～16∶30

城市空间的拓展

呼啸而驰的地铁穿梭在城市各个角落,它不仅能有效避免城市地面交通拥挤,充分利用空间,还因为运量大、速度快、无污染,受到各国政府的青睐。上海地铁博物馆就是一个深入了解地铁的绝佳场所。

上海地铁博物馆共有2层展馆,一步入一楼序厅,震撼的180度宽屏环幕影片,带你进入轨道交通的"精彩世界",一幕幕地铁历史的传承相继浮现。

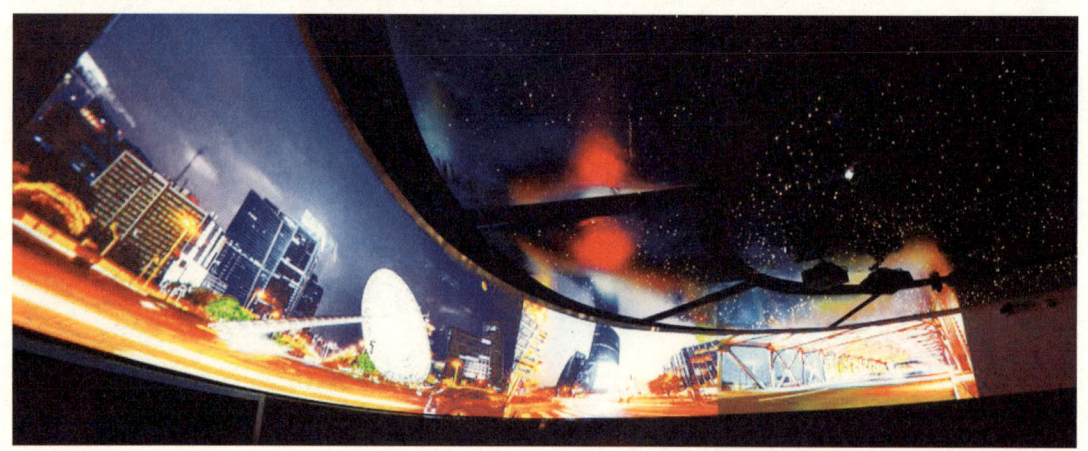

翻看地铁老档案

地铁1号线开通于1994年,但上海地铁的历史,可以追溯到更早。上世纪50年代末,轨道交通建设的先驱们就已在黄浦江畔的芦苇棚里追寻上海的地铁梦。

馆内珍藏了《上海市地下铁道初步规划（草案）》等多份历史档案史料文件、照片，展示了上海轨道交通从无到有，从单线运营到形成网络的光辉历程。

展区还生动介绍了上海的地质，地铁与上海城市的发展，地铁的优越性等知识。

光电大沙盘

在上海地铁博物馆内，有一个大型的全自动列车运行沙盘，为我们模拟还原了列车信号控制系统作业原理。

现场专业技术人员将通过计算机控制，模拟目前上海中心城区3~4条地铁线路开行路线，并发出指令。随后沙盘上的列车将根据预设的程序和信号指示路径等开行。在沙盘上，甚至可以看到轨道旁信号灯变化不同的颜色，而列车进站还会减速，慢慢停稳，与现实场景一致。

主题内容

地铁隧道行走体验

上海的土质结构，建造地铁可谓"豆腐里打造钢铁长城"。地铁专家团呕心沥血，采用多种隧道类型，用盾构挖通了一条条地下通道。地铁博物馆通过场景还原，等比例缩小，建起了一段地铁隧道施工场景。参观过程中，参观者可以亲自漫步通过该段隧道，感受地下掘进的神奇魅力。

实时路况客流数据

上海地铁官方微博每天都发布全天地铁客流，可是你见过地铁路网实时客流数据吗？

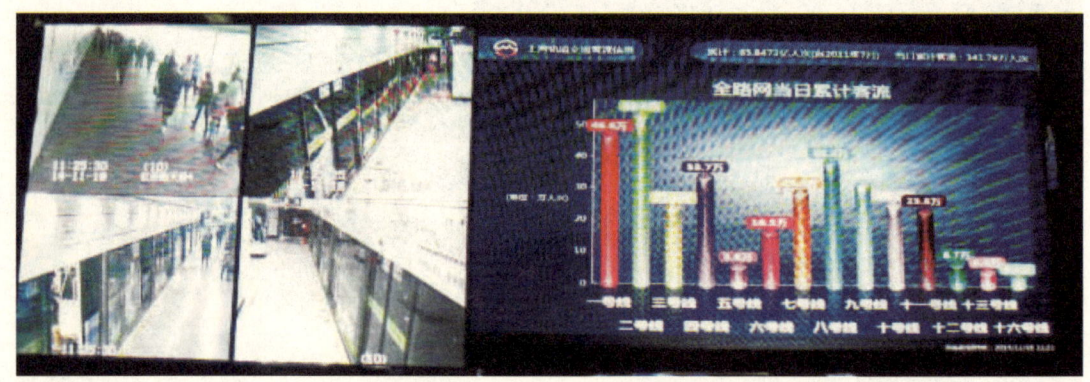

在博物馆中厅，5块大屏幕通过与地铁运营控制中心数据实时对接，可实时显示当前时间地铁14条线路的客流数据。除了实时路网客流数据，屏幕上还显示有10号线2个车站以及2列列车车厢的实时路况及运营实景。

与真车媲（pì）美的地铁模型

地铁实物展区，除了展出地铁最早的信号灯、犹如军用箱一般的转辙（zhé）机、大批特色纪念票卡等外，地铁4号线全编组模型更是夺人眼球：常见的地铁模型多是单节编组，而 6 节全编组整车模型实属少见。该全编组 4 号线模型为当时德国西门子公司新车送抵上海时一同抵达的车模，制作工艺精湛，几乎可以与真车媲（pì）美。

模拟驾驶 3 号线

在列车的模拟驾驶台，通过几块逼真模拟的显示屏，你可以自己动手体验驾驶上海地铁 3 号线、穿越城市林立高楼的感觉，甚至还可能"遭遇"各种驾驶中的突发故障，考验应变和处理能力。

虚拟列车 DIY 组装

想知道一列地铁列车是如何制作出来的吗？在地铁功能和系统展示厅内，通过触摸显示屏，参观者即可参与到车辆工程组装游戏中。在游戏过程中，不仅能了解地铁列车制造过程，还能亲手 DIY 组装地铁列车，挑选车头、车门、底座，甚至为列车"着色"，赋予地铁列车酷炫的色带，涂装精美的主题花纹。

车站 X 光透视

地铁站核心系统往往都是隐藏式设计不易发现。通过数码合成解析等技术,车站内部的消防报警、空调通风、动力照明、排水等关键系统的所在位置、功能等将一一展示在参观者面等。

其他展示

地铁博物馆内还展示了地铁安全知识、地铁公共文化、世界地铁发展概况等内容。通过巧妙的设计,观众在观展时,可以投身多种体验活动,甚至参与到"切水果"般的消除地铁乘车陋习、与世界地铁"合影"等互动游戏,在潜移默化间,学到地铁专业知识,让人放松。

地铁的建成

19世纪中期,英国伦敦街头交通堵塞严重。有个叫查尔斯·皮尔逊的律师每年都要处理很多起交通事故纠纷,他很想改变这种状况。他想到火车跑得很快,如果火车能跑进城市里的话,那该多好啊!

可是,火车怎么跑进城市呢?有一次查尔斯·皮尔逊看到墙角有一个老鼠洞,一只老鼠正在洞里跑来跑去,他喜出望外,提出了一个绝妙的创想:让火车在地下跑吧!

1863年,这个"异想天开"的提议得到了实现——世界上第一条地铁在伦敦诞生了。随后,世界各大城市纷纷建造地铁。这种速度快、不堵车、环保又舒适的交通工具,深受大家喜爱。

地铁是怎样建成的

在地铁建造之前,工程师首先要规划列车行驶的线路。因为地铁一般是建在地下,所以他们还要充分了解地质构造,进行工程地质勘察。

主题内容

列车行驶的路线确定了,那地铁车站又要建在哪里呢?依据城市规划,地铁车站一般会选择建在住宅区、商业区等主要客流集散点,方便市民出行,同时考虑土地利用、与其他交通方式换乘边界、周边环境条件等因素。

正式开工前,要准备一块满足施工需求的场地。地铁车站一般是从地面自上而下进行挖掘,这叫做"明挖法"。开挖前,需要处理影响施工的建筑、绿化和管线等,还要增加临时道路,以减少建设地铁时对交通出行的影响。

采用明挖法时,为了避免道路两侧的泥土塌陷,首先要建造挡土墙,一般是封闭的钢筋混凝土墙,保护基坑与周边安全。在挡土墙完成后,便一边挖坑一边支撑,形成一个巨大的方形深坑,然后在深坑里面建造地铁车站。在搭好的钢筋网上灌注混凝土,这便逐渐形成地铁车站的雏形。车站主体建成后,就可以恢复管线和道路了。

主题内容

讲完车站后,我们再来讲讲隧道。这里要用到一种筒形机械,叫做"盾构机",可以像鼹(yǎn)鼠一样挖掘隧道,它经过的地方,一条长长的隧道就建好了。这种工艺方法叫做"盾构法"。在盾构机的最前端,有一个有很多坚硬的刀具的圆盘,叫做刀盘,能缓慢转动切割泥土和石块。盾构机在推进挖掘的同时能够建造隧道壁。大部分地铁隧道是采用明挖法和盾构法建造的。

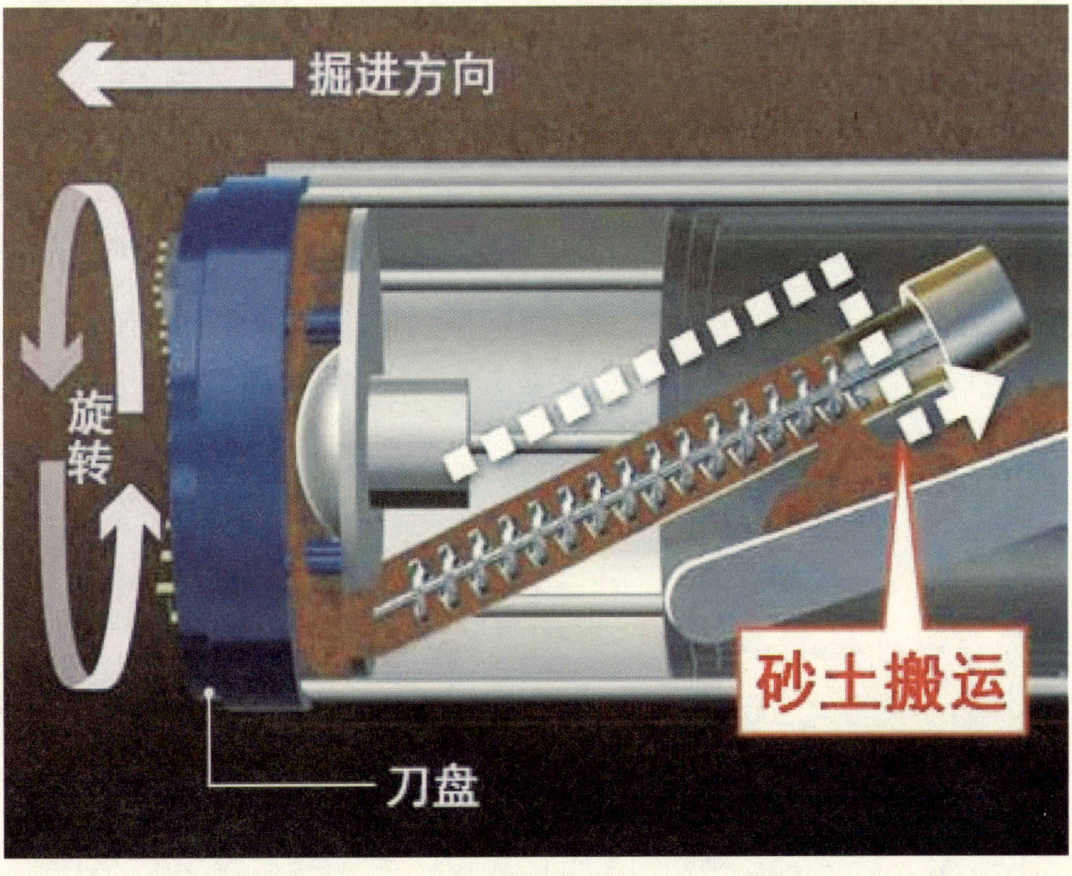

地铁站之间的隧道一般都不是水平的,而是中间低两边高,这样可以使到站列车由于上坡而易于控制刹车,从而使驾驶变得比较轻松。盾构机在地下挖掘时,经常会遇到巨石、溶洞等难题,同时还要注意保护地面的建筑。

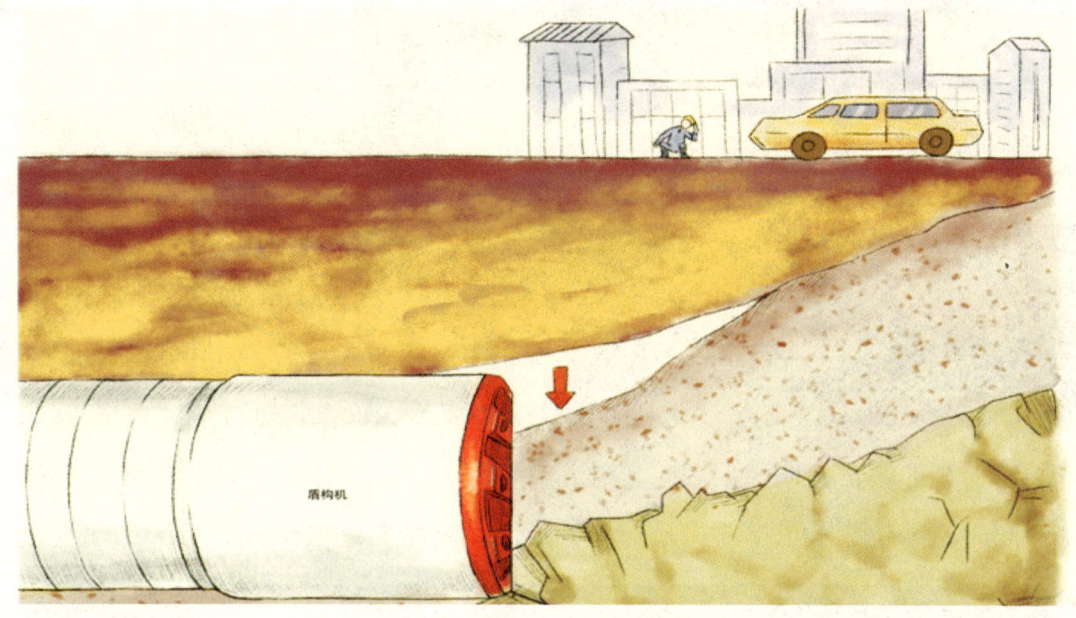

隧道完工后,要铺设轨道、电缆、通信等设施,还要装修车站、安装机电设备、系统联调,最后验收和试运行。

列车需要有检修的场所,也需要有停放的车库,所以地铁的轨道一定会在某个地方露出地面,与修理厂或者车库连通。第一次开始运营的地铁列车也是从这里进入隧道的。

这样,漫长而艰辛的施工过程就结束了。第一辆地铁列车呼啸着出发了!

地铁让城市和生活更美好。

问题角

地铁历史
1. 上海第一列地铁是什么时候正式通车的?
2. 目前上海共有多少条地铁线路?
3. 轨道交通与城市经济的发展有怎样的关系?

地铁系统
1. 地铁九大系统分别是什么?
2. 一列地铁列车包含哪几个组成部分?

地铁功能与文化
1. 与其他交通工具相比,地铁有哪些优越性?
2. 上海地铁的标志和吉祥物分别是什么,有何含义?
3. 你知道哪些乘坐地铁的安全注意事项和禁令标志识?

探究园

1. 你知道下列地铁常见标志的含义吗?

（小心站台间隙）　（禁止携带易燃易爆物品）　（当心夹手）　（禁止倚靠）

2. 地铁根据"体宽"可分为 A、B、C 三个型号,它们的宽度分别是多少?

　　A 型　　　　　　　　B 型　　　　　　　C 型
　　（3 米）　　　　　　（2.8 米）　　　　　（2.6 米）

学习单

3. 1863年,世界第一辆地铁在(英国伦敦)建成通车。

4. 你认识下面这些地铁车辆的组成部分吗?连一连。

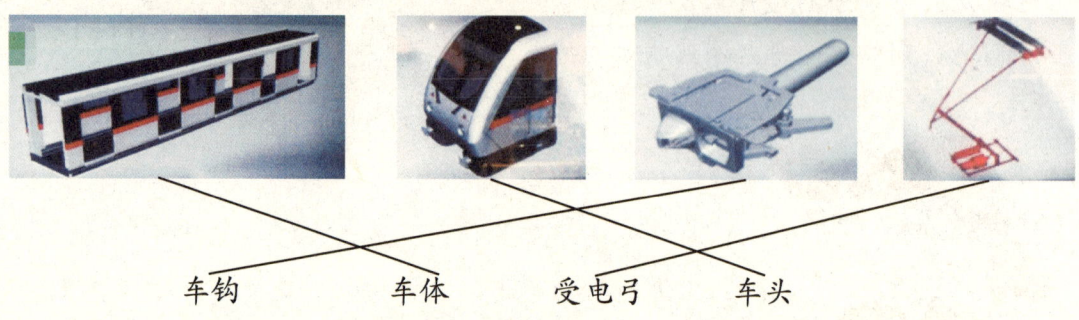

车钩　　　车体　　　受电弓　　　车头

5. 上海第一条贯通浦江两岸的轨道交通线路是(2号线)。

交流台

1. 你知道公共汽车与地铁在运能上有哪些差异吗?请从高峰运量(人)、速度、能耗方式这几个方面分析一下吧!

2. 畅想一下未来的交通工具,你觉得它们会具备什么样的功能呢?

上海地铁博物馆——我是地铁百事通

活动目标	通过上海地铁博物馆实地考察活动，了解上海地铁发展历史、地铁功能、地铁文化，地铁安全、世界地铁概况。
活动准备	了解上海地铁博物馆展出内容和相关信息，收集中国已经拥有地铁的城市的相关资料。
活动内容	**活动一　我的地铁梦** 1. 介绍上海地铁博物馆，交流自己了解的上海地铁情况。 2. 自由分组，选择各自感兴趣的内容开展讨论。 　　讨论①：轨道交通有什么特点？ 　　讨论②：目前国内有哪些城市拥有地铁？ 　　讨论③：世界第一辆地铁的设计灵感是如何来的？ 　　讨论④：一列地铁列车包含哪几个组成部分？ 　　讨论⑤：其他 3. 根据探究问题制作探究方案。 　　我的任务是收集 _地铁是怎样建成的_ 的资料，成果展示形式是 _小报_ 等。 **活动二　参观上海地铁博物馆** 1. 按序考察各展区。 2. 通过对"上海地铁博物馆"的实地考察，了解展馆各区域的特点。 3. 收集"地铁是怎样建成的"的资料。 **活动三　地铁是怎样建成的** 1. 介绍地铁建造的常用施工方法。 2. 介绍地铁车站和地铁线路是如何规划的。 3. 设计小报。
拓展活动	1. 观看电影《哈里·波特》，了解伦敦地铁"九又四分之三站台"的实际位置。 2. 收集一些地铁模型或搭建一些轨道和火车模型。

上海大剧院

有时间，去剧院听一场音乐剧，或是看一场歌剧、话剧，相信会是一场对你心灵的洗涤。因为它不仅是视觉、听觉的饕（tāo）餮（tiè）盛宴，更是艺术文化与灵魂的碰撞。

上海大剧院位于市中心人民广场，占地面积约为2.1公顷，建筑风格独特，造型优美。剧院内设大、中、小三个剧场，整个建筑宛如音符串成的水晶宫殿，采用目前世界上最先进的全自动机械舞台。大剧院成功上演过歌剧、音乐剧、芭蕾、交响乐、室内乐、话剧、戏曲等各类大型演出和综艺晚会，正日益成为上海重要的中外文化交流窗口和艺术沟通的桥梁。

多年来，上海大剧院以"一流的艺术作品，一流的艺术体验，一流的艺术教育"为宗旨，秉承"国际性、艺术性、创意性、原创性"的品牌定位，坚持"名家、名团、名作"的节目特色，致力于实现"中国剧院标杆、城市文化名片、文化创意中心"的发展愿景。

小贴士

地　　址：上海市人民大道300号
交　　通：公交17、20、23、37、46路等；地铁1、2、8号线
开放时间：9：00～11：00

水晶宫殿

上海大剧院迎来过无数世界级表演团体和海内外众多的艺术名家,为观众带来了无数个难忘瞬间。

大剧场

大剧场以华丽温馨的金色和红色为主色调,主要上演歌剧、交响、芭蕾、戏剧等大型演出。

观众厅约1000平方米,高19.5米,分三层看台,共设1631座。看台的结构比例和座位配置都保证了观众尽量靠近舞台,以最优的视听角度欣赏演出。整体设计从建筑结构到装潢(huáng)选材都充分考虑了音响要求。

大剧场的全自动机械舞台采用了世界先进的控制系统,可作平移、升降、倾斜、旋转、阶梯等多种变换。

大剧场有900个调光回路供演出使用,有两个固定面光位置和一个追光室,耳光位置在台口两侧。

中剧场

中剧场位于上海大剧院一楼西侧,以稳重的胡桃木色为主色调。主要上演室内乐和中小型戏剧,也是各类公益演出和艺术教育活动的主要阵地。

观众厅分两层看台,共设575座。

中剧场舞台台口宽12米,高6米,深11米,上空有一道声乐反声板和25道电动吊杆。后台配有5间化妆间,可供50人同时化妆。

中剧场大堂设有投币饮料机和寄包柜,为观众提供矿泉水和寄存服务。二楼有独立的贵宾休息室,提供节目册、茶水、毛巾等服务,可供贵宾于演出前及幕间使用。

小剧场

　　小剧场位于上海大剧院五楼,是以黑灰色为主色调的"黑匣(xiá)子剧场"。主要上演探索、时尚类的小型戏剧。

　　场内共设固定座位 220 个,另配备 80 个移动座位,可根据演出需要组合多面观众席。后台配有 4 间化妆间,可供 30 人同时化妆。

　　小剧场入口处设有投币饮料机和寄包柜,为观众提供矿泉水和寄存服务。后台区有独立的贵宾休息室。提供节目册、茶水、毛巾等服务,可供贵宾于演出前及幕间使用。

多功能厅

　　多功能厅位于上海大剧院一楼西侧,装潢现代,功能多元,可用于举行艺术讲座、新闻发布会和演出前(后)酒会。

主题内容

大堂

大堂的主要色调为白色,高雅而圣洁。外立面是德国钢索玻璃幕墙。上空悬挂着六片排箫状的奥地利水晶吊灯,被命名为"蓝色多瑙(nǎo)河"。黑白相间的大理石地面形似钢琴琴键,中央图案是抽象的眼睛和耳朵,象征着这是一座用眼睛观赏、用耳朵聆听的艺术殿堂。

大堂陈列着多位世界级艺术家赠予上海大剧院的画作和雕塑。

贵宾厅

贵宾厅位于上海大剧院一楼东侧,400平方米的空间分为内外两个厅。外厅可用于举行演出酒会和记者会;内厅主要用于贵宾会见,可通过实时视频观看场内演出。

大、中、小三个剧场均有独立的贵宾休息室,可供演出前及幕间使用。

化妆间与排练厅

上海大剧院的大、中、小三个剧场共配备了近50间大小、规格不等的演员化妆间,可满足1000多名演员同时使用。其中大剧场的6间豪华化妆间提供立式钢琴、沙发、独立洗手间、淋浴设备、冰箱、保险箱等。

大剧场的后台区设有多间专业排练厅。其中芭蕾排练厅面积约250平方米，乐队排练厅面积约400平方米，均配有立式钢琴，可容纳大型舞团、乐队或合唱团进行排练。此外，还配备有洗衣房、茶水间和商务办公室。

配套设施

　　大剧院拥有票务中心、排练厅、贵宾厅、展示厅、艺术品商店、咖啡吧、宴会厅和停车库等完备的附属设施。

剧场

剧场可以指建筑，为表演场所的剧场，有时又称剧院，意指特定的、由永久性的建筑体构成的表演场所，亦可作为表演场所的总称。剧院通常指室内的表演场所，而剧场则同时适用于户外广场及室内建筑。

剧场也可以指艺术，为表演艺术形式或艺术流派的剧场；还可指电视台播放电视剧的栏目，如钻石独播剧场等。

剧场——观众观赏演出的场所

中国原有茶园、戏楼或戏园等称谓，现统称剧场。剧场一般由3部分构成：

一、进行表演的地方——舞台或其他形式的表演空间。

二、观看演出的地方——观众席。

三、其他附属演出空间——演出人员休息、换装的地方。

剧场型制的演变，除了受物质、技术条件的制约和建筑思想的影响外，主要由这3个部分的功能、规模及其相互关系的变化来决定。

中国剧场的历史可上溯到汉代。汉代上演百戏有看棚，隋唐有戏场、乐棚，宋代出现了瓦舍、勾栏，具有了剧场的要素，成为后来中国剧场的基本格局。清代的剧场沿着宫廷剧场（三层楼大戏台）、府第剧场、营业性的民间茶园、地方性的或会馆里的小型剧场等不同的型制在发展。

20世纪80年代建造的剧场有北京中央戏剧学院实验剧场、上海戏剧学院剧场、中国大剧院等。

北京中央戏剧学院实验剧场

中国大剧院

• 知名建筑——悉尼歌剧院

悉尼歌剧院位于澳大利亚悉尼，是20世纪最具特色的建筑之一，也是世界著名的表演艺术中心，已成为悉尼市的标志性建筑。除了用作观光、演出歌剧、芭蕾舞剧以及音乐会之外，悉尼歌剧院还是澳大利亚歌剧团、悉尼戏剧团和悉尼交响乐团的所在地。

剧场的作用

剧场演出涵盖歌剧、芭蕾、交响乐、民乐、室内乐、独唱、独奏、话剧、戏曲、大型歌舞表演等多种表演艺术形式。

在当今文化发展的前提下,剧场对艺术、文化导向有着重要的作用。对于开拓(tuò)城市文化创意、弘扬城市时代精神起到了积极的推动作用。

剧场,能让人感受剧场艺术的魅力,丰富人们的艺术生活。

艺术演出类型

• 歌剧

歌剧是一门西方舞台表演艺术,简单而言就是主要或完全以歌唱和音乐来交代和表达剧情的戏剧(是唱出来而不是说出来的戏剧)。

歌剧的经典代表作有《卡门》《茶花女》等。这些歌剧都离不开伟大作曲家们精心的创作,而歌剧中的那些优美动听的咏叹调,更是让人过耳难忘,一直传唱。

• 话剧

话剧指以对话方式为主的戏剧形式,主要叙述手段为演员在台上无伴奏的对白或独白,但可以使用少量音乐、歌唱等。

话剧经典代表作有《四世同堂》《大宅门》《简爱》等。

- 芭蕾

芭蕾舞剧是综合音乐、美术、舞蹈于同一舞台空间的戏剧艺术形式，是一种尚礼尚雅的欧洲古典舞剧艺术。

芭蕾经典代表作有《天鹅湖》《吉赛尔》等。

- 戏曲

戏曲是我国的传统戏剧形式，是包含文学、音乐、舞蹈、美术、武术、杂技表演等各种因素的综合性艺术。

戏曲种类很多，比较著名的戏曲种类有：京剧、越剧、昆曲、坠子戏、粤剧、淮剧、川剧、秦腔、沪剧、晋剧、汉剧、河北梆子、河南越调、河南坠子、湘剧、黄梅戏、湖南花鼓戏等。

戏曲经典代表作有京剧《将相和》越剧《梁山伯与祝英台》豫剧《朝阳沟》等。

学习单

走进剧院,让艺术融入生活。

问题角

剧院设施

1. "黑匣子剧场"是指上海大剧院里的哪个剧场?
2. 上海大剧院大剧场里的灯光设备是通过什么进行调试及控制?
3. 大型乐队或合唱团一般在上海大剧院的哪里进行排练?
4. 大剧场的全自动机械舞台可以进行怎样的变换?
5. 上海大剧院一般有哪些形式的艺术演出?

剧场知识

1. 什么是剧场?
2. 剧场有什么作用?
3. 歌剧有什么特点?
4. 你了解哪些歌剧、音乐剧或是话剧?

探究园

1. 在上海大剧院的中剧场,主要用来做什么?
   - 上演室内乐
   - 演出中小型戏剧
   - 演出各类公益
   - 艺术教育活动
   - 其他

2. 认一认,大剧院内的这些是什么?

(朱德群油画)

(钢索玻璃幕墙)

(阿曼雕塑)

3. 连一连。

歌剧　　　　　　戏曲　　　　　　话剧

《威尼斯商人》　　《霍夫曼的故事》　　《梁山伯与祝英台》

4. 芭蕾舞是欧洲古典舞蹈，芭蕾舞最重要的一个特征即女演员表演时以脚尖点地，故又称脚尖舞。你知道芭蕾的代表作品有哪些吗？

- 《天鹅湖》
- 《仙女》
- 《胡桃夹子》

- 其他

交流台

1. 你去剧院听过音乐剧吗？你知道音乐剧哪些知识？
   - 音乐剧的表演一般有 2 至 3 小时
   - 音乐剧利用音乐和舞蹈表达强烈的情感
   - 音乐剧里有故事的发展
   - 其他

2. 和家人一起，听一场音乐剧或欣赏一场话剧。

上海大剧院——独播剧场

活动目标	知道上海大剧院的结构和作用，了解在剧院里演出的艺术作品类型；感受艺术文化的魅力。
活动准备	收集上海大剧院相关图片和文字资料，了解剧院演出的不同形式的艺术。
活动内容	**活动一　初探上海大剧院** 1. 介绍上海大剧院的结构和作用。 2. 自由分组，选择各自感兴趣的内容开展讨论。 　讨论①：上海大剧院大剧场里的灯光设备是通过什么进行调试及控制？ 　讨论②：剧场有什么作用？ 　讨论③：剧院里一般有哪些形式的艺术演出？ 　讨论④：什么是话剧？ 　讨论⑤：其他 3. 根据探究问题制作探究方案。 　我的任务是收集 _剧场_ 的资料，成果展示形式是 _PPT_ 等。 **活动二　参观上海海大剧院** 1. 重点参观"大剧场""中剧场"和"小剧场"。 2. 收集"剧场"的相关资料。 3. 观看一场演出。 **活动三　剧场** 1. 介绍剧场的定义、发展历史和作用。 2. 介绍剧场里的演出艺术作品类型，比如： 　•歌剧　　•音乐剧　　•话剧　　•戏曲　　•其他 3. 选取一段经典的话剧，进行排练演出。
拓展活动	1. 欣赏一部音乐剧，例如《音乐之声》。 2. 收集世界著名剧院资料，并作深入探究，如：悉尼歌剧院等。

杨浦区城市规划展示馆

要想了解一座城市，城市规划馆可是不能错过的去处哦！同样的道理，想要了解充满魅力的杨浦，就一定要去杨浦城市规划展示馆逛一逛。

杨浦区城市规划展示馆分为上下两层。底层设有杨浦概况、领导关心、百年文明、红色工运和知识杨浦转型历程等五个展区和城区数字模型影片；上层设有虚拟现实演示中心、会议室、贵宾室、办公室等。

目前已成为杨浦区向外展示城区深厚历史文化底蕴、近现代发展史、杨浦由传统工业向知识创新区成功转型的成果和未来发展美好前景的重要窗口；成为区内外各界人士了解、考察、调研杨浦的必到场所和深入了解杨浦、融入杨浦发展、参与杨浦建设的重要平台。

地　　址：杨浦区长阳路1111号（近江浦路）
交　　通：公交22、843、33、70、934、137路
开放时间：每周二、四、六，上午9：00~11：00；下午1：30~4：30

展望城市规划

杨浦坐拥上海四大城市副中心之一、十大商业中心之一的江湾五角场；上海第三代国际社区新江湾城；产值丰厚的环同济知识经济圈；世界500强汇集的大连路总部研发集聚区以及东外滩。

你是不是为这些成就所震撼呢？

杨浦经过百年的变迁与发展，才成为今天我们看到的样子。

杨浦概况

"杨浦概况"展区介绍了杨浦在历史沿革、行政区划、自然地理、经济、社会、教育等方面的基本信息。为我们展示了魅力杨浦的基本面貌，相信在这里，你一定会对家乡的风土人情、社会生活有一个全面立体的认识。

主题内容

五角场

同济大学建筑设计研究院

杨浦公园

领导关心

"领导关心"展区展示了杨浦建设与发展过程中，国家与上海市各界领导给予的关爱与支持。

主题内容

杨浦人自强不息、勤劳勇敢，但没有国家的关怀和推动，也就不会有今天美丽而强盛的杨浦。相信在党和国家各界领导的关怀下，在强大的国家支撑下，杨浦的明天会越来越好！

百年文明

百年文明展区展示了杨浦区的百年沧桑与文明。延续历史，就是要留下百年民族工业的发展轨迹；就是要延伸百年教育的渊源；就是要再现"百年市政文明"的珍贵遗产，使之成为丰富杨浦知识创新区内涵的重要载体。让我们一起乘着历史之舟，细细感受百年杨浦的魅力吧！

红色工运

"红色工运"展区集中展现了革命前辈在沪东的足迹,沪东工人运动,沪东地下党领导的夜校和国歌在沪东的诞生。

知识杨浦转型历程

知识杨浦转型历程展区展示了杨浦由工业重镇逐步转变为知识型产业新区的历史进程。复旦大学、同济大学等高校,产值丰厚的环同济知识经济圈,世界500强汇集的大连路总部研发集聚区以及东外滩,都是知识杨浦的有力佐证。未来,杨浦会深化知识型新区的探索与发展,让我们拭目以待吧!

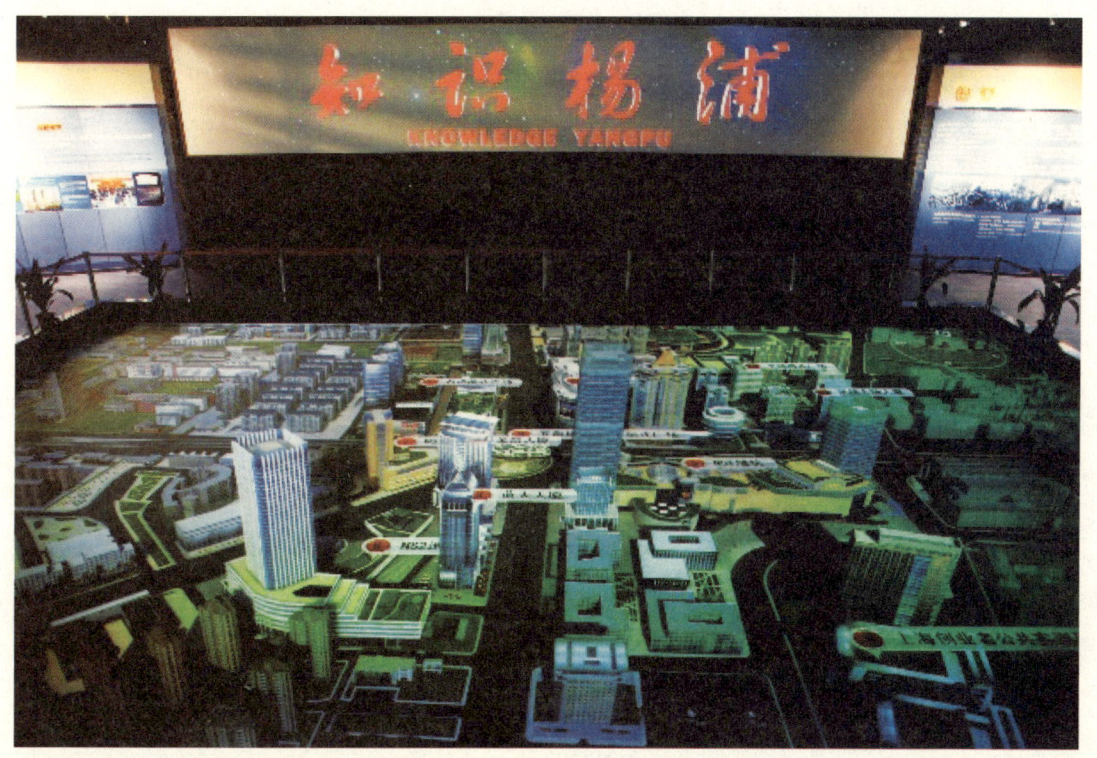

杨浦交通在发展

宽敞而又纵横交错的马路，蜿蜒入地的隧道，飞腾而上的高架，地下飞速穿梭的地铁，横跨黄浦江的杨浦大桥，杨浦今日的交通，真可谓四通八达，大大便利了我们的出行。

关于杨浦的交通，有哪些让你印象深刻的地方呢？杨浦的交通未来会是什么样子？杨浦交通有哪些世界之最？

杨浦区有的轨道交通

轨道交通，通俗点讲，就是我们平时说的地铁。你有注意过杨浦区有哪些轨道交通吗？

上海市共有4条轨道交通经过杨浦，分别是4号、8号、10号、12号线。

上海轨道交通4号线，是上海轨道交通系统中唯一的一条环状线。其中，大连路站、杨树浦路途径杨浦区。

上海轨道交通8号线，又称杨浦线，该线全长37.4千米，共设30座车站，拥有殷行车辆段和浦江镇停车场2个车辆段。

上海轨道交通10号线，全长36千米，是国内首条无人驾驶轨道交通线。由于沿途经过新天地、豫园老城厢、南京路、淮海路、四川路、五角场城市副中心等上海中心区域，因此被称为"白金线路"。

上海轨道交通12号线，全长40.4千米，被称为上海轨道交通网络的"换乘之王"。

主题内容

杨浦大桥

杨浦大桥建成于 1993 年，是上海继南浦大桥之后建成的跨越黄浦江的第二座斜拉索公路桥，为当时世界主跨径最大的斜拉索桥。

杨浦大桥历时 2 年 5 个月，于 1993 年 9 月 15 日建成，并于同年 10 月 23 日通车。大桥全长 8354 米，主跨 602 米，净高 48 米，桥下可通 5.5 万吨巨轮。两侧各有一座倒"Y"形钻石形主塔，高 208 米。主桥面宽 30.35 米，设 6 车道，两旁设有 2 米宽人行道，并有上下电梯供观光游览。

五角场商业中心

五角场全称"江湾—五角场"，它是上海四大城市副中心之一，南部地块为上海十大商业中心之一，因邯郸路、四平路、黄兴路、翔殷路、淞沪路五条发散型大道交汇此处而得名。

五角场是上海市东北部地区的交通枢纽。环岛交通四通八达，四平路直通外滩，黄兴路连接内环线，杨浦大桥通往浦东，邯郸路毗邻大柏树，翔殷路通向军工路黄浦江虬江码头，淞沪路与新江湾城及宝山区相连。经过的市内公交线路和始发站点有 32 条，长途汽车线路 18 条。发达的交通将五角场与浦东新区、黄浦区、虹口区、宝山区乃至外省市紧紧联系在一起。

五角场商业中心不仅是购物的天堂、休闲的理想场所，更是上海市级的商务中心和文化产业园区之一。随着现代化商务设施、交通、生态等的不断发展，区域整体优势已完全凸显。

学习单

走进杨浦区城市规划展示馆，了解百年杨浦的辉煌成就，展望未来。

问题角

杨浦概况

1. 杨浦区的面积有多大，有多少人口？
2. 杨浦主要的商业区有哪些？

领导关心

1. 有哪些国家领导人对杨浦发展有过重要指示？
2. 对杨浦区发展有重要贡献的人物有哪些？

百年文明

1. 为什么说杨浦区是上海近代工业的摇篮？
2. 杨浦区现有的哪所大学历史最悠久？

红色工运

1. 杨浦区代表性的红色工运有哪些？

知识杨浦转型历程

1. "知识杨浦"体现在哪些方面？
2. 你知道杨浦区有哪些高校吗？

探究园

1. 连一连，下面的描述分别属于哪条轨道交通？

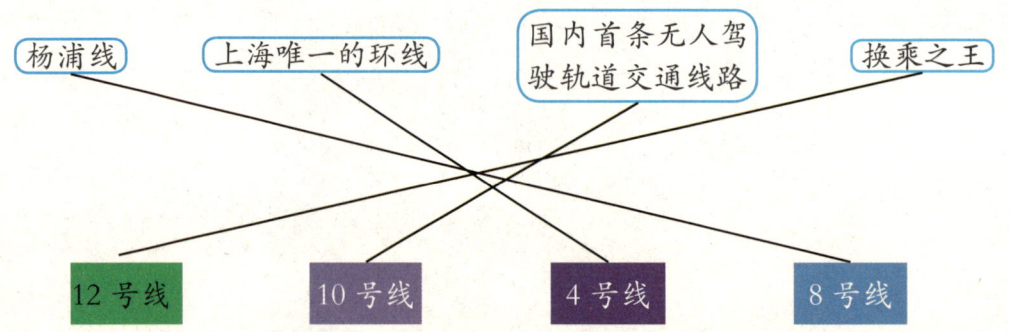

2. 图中是上海市的哪座大桥？（杨浦大桥）

3. 请为下列杨浦区大学的建校时间排序。

（ 5 ）第二军医大学（1949 年） 　　　（ 1 ）复旦大学（1905 年）

（ 3 ）同济大学　　　（ 4 ）上海财经大学　　　（ 2 ）上海理工大学

　　（1907 年）　　　　　　（1917 年）　　　　　　（1906 年）

交流台

1. 和伙伴说说杨浦区的路名。
2. 离你家最近的杨浦区地标建筑是什么？用简短的话语为同学介绍该地标建筑。

- 杨浦大桥
- 沪东工人文化宫
- 五角场巨蛋
- 其他

杨浦区城市规划展示馆——知我杨浦

活动目标	了解杨浦区蓬勃发展的百年历史，感受杨浦发展的独特魅力。
活动准备	通过上网或查阅图片、书籍资料的方式，了解杨浦区城市规划方面的知识。
活动内容	**活动一　走进杨浦** 1. 介绍杨浦区城市规划展示馆的展出内容。 2. 自由分组，选择各自感兴趣的内容开展讨论。 　　讨论①：杨浦区有哪些重要的商业区？ 　　讨论②："知识杨浦"体现在哪些方面？ 　　讨论③：杨浦区有哪些重要的交通设施？ 　　讨论④：杨浦"大上海"计划中的百年高校是怎样的？ 　　讨论⑤：其他 3. 根据探究问题制作探究方案。 　　我的任务是收集 _杨浦的交通_ 的资料，成果展示形式是 _小报_ 等。 **活动二　参观杨浦区城市规划展示馆** 1. 重点参观"杨浦概况""百年文明"。 2. 收集"杨浦交通"的资料。 3. 选择最感兴趣的展区，学做小导游。 **活动三　杨浦的交通** 1. 介绍杨浦交通的主要设施。 2. 评选杨浦区"最美道路"。 3. 讨论：明天的杨浦是怎样的一番美景。
拓展活动	1. 了解杨浦的公共卫生或公共体育设施。 2. 说说杨浦小公民要为杨浦的发展做些什么？

上海城市规划展示馆

想要了解上海的历史沿革和发展面貌，可以从上海城市规划展示馆开始！展馆围绕着"城市、人、环境、发展"的展示主题，通过详尽的资料和多种高科技展示手段，充分展示了上海城市发展的昨天、今天和明天。

整个规划馆极具专业性、知识性、趣味性和艺术性，融历史和未来为一体，给人以无限的遐想。磅礴的气势、大手笔的布展格调、现代一流的高科技展示手段，形象、生动地演绎出申城的沧桑巨变，展现了上海美好的今天和灿烂的明天。

地　　址：黄浦区人民大道100号（近西藏中路）

交　　通：公交23、37、45路；地铁1、2、8号线

开放时间：周一闭馆，周二到周五9：00~17：00

知我上海

上海城市规划展示馆有着 7000 余平方米的展示面积，分为地上 5 层和地下 1 层。展示馆在有限的空间内，带给观众无限的遐想。它是上海百年沧桑的浓缩，是游览上海的窗口和向导，是展望上海美好明天的宏伟蓝图。

序厅

一层大堂内的"上海之晨"艺术模型，写意化地将上海各个时期的标志性建筑，东方明珠、金茂大厦、现代的大桥、高架等建筑模型融于一体，气势恢弘。

"百万市民大搬迁"的巨型浮雕、国内最大的室内LED高清晰大屏演示墙，以鲜艳的色彩和高清晰的画面，烘托气氛，并可根据需要进行各种演示。

夹层——历史文化名城厅

历史文化名城厅整体反映了上海变迁的百年沧桑，展示了上海城市发展丰富的历史和文化内涵，呈现了老上海独特的城市文化内涵，并配合仿真场景、影视表演、幻影成像等各种多媒体演示手段，增加展示的互动性和参与感。

主题内容

二楼——临时展厅

为了反映上海城市规划的最新动态，综合反映上海市民的整体文化、艺术修养，从2001年开始，规划馆开辟了以二楼展厅为主，一楼、五楼展厅为辅的适合各种需求的临时展览场所。

三楼——总体规划厅

重点介绍了上海城市发展的今天与明天，整个展览大厅是一个大模型，占地600多平方米，1∶500的比例真实地反映了上海内环线以内110平方公里左右地区的规划与现状，蔚为壮观。

还有国内首套360°多功能虚拟影视厅，它采用先进的演示技术，邀请我们参加"上海的神奇之旅"。

四层——专业和重点建设规划厅

　　重点展示了上海未来发展的各项专业规划，主要有中近期建设规划、深水港、航空港和信息港、黄浦江开发、苏州河综合治理；综合城市交通、市政基础设施规划、环保、绿化、房产、旅游等各展区，均采用各种高科技的展示手段，让我们能够全方位查询上海未来的美好前景。

五层——观光厅

五层设环型临展展览厅及休闲观光环廊和多功能会议影视厅，登高远眺，人民广场美景尽收眼底。窗外的景观是最直观的城市发展展示。

地下一层——"上海1930"风情街

以上世纪30年代上海独特的建筑风貌，向我们展示上海近代典型的法式、英式、日式、西班牙式等建筑和典型的石库门里弄，这里所展示的每座单体建筑立面，都能在上海找到其原型和出处。来到这里就仿佛置身于上世纪30年代的老上海，在这里休闲、观光，别有一番情趣。

上海各区名称的由来

你知道上海各区的名字是怎么来的吗？“浦”指水边或河流入海的地区，黄浦区在黄浦江边上，那青浦区又为何得名？哪个区以年号得名，哪个区是因河得名，哪个区因路得名，哪个区又是因人得名的，你了解吗？

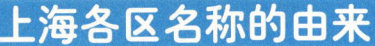

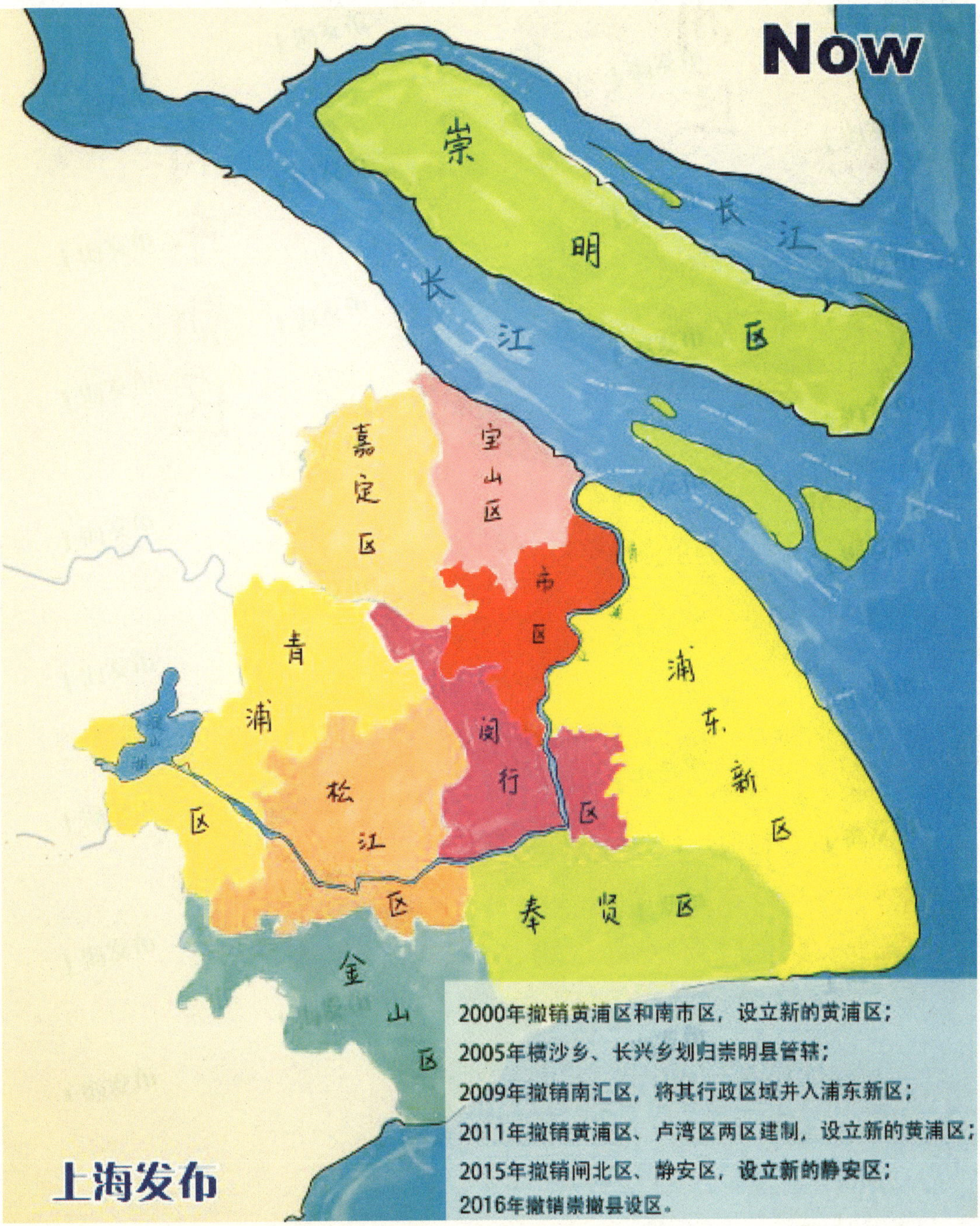
Now
崇明区
长江
长江
嘉定区
宝山区
市区
青浦区
松江区
闵行区
浦东新区
奉贤区
金山区
2000年撤销黄浦区和南市区，设立新的黄浦区；
2005年横沙乡、长兴乡划归崇明县管辖；
2009年撤销南汇区，将其行政区域并入浦东新区；
2011年撤销黄浦区、卢湾区两区建制，设立新的黄浦区；
2015年撤销闸北区、静安区，设立新的静安区；
2016年撤销崇撤县设区。
上海发布

主题内容

　　根据不同时期的上海市城市规划要求，上海进行了多次行政区划调整和撤县建区。截至2016年，上海共有黄浦、徐汇、长宁、静安、普陀、虹口、杨浦、闵行、宝山、嘉定、浦东、金山、松江、青浦、奉贤、崇明16个市辖区。

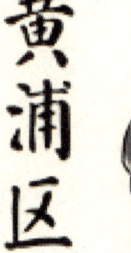

• 黄浦区

　　得名于"黄浦江"。黄浦江，南宋名"黄浦塘"，清代始称"黄浦江"，源自今上海市西部淀山湖，流经十一区，为上海最大的河流，被誉为上海的"母亲河"。

• 浦东新区

　　浦东新区可以说是上海最年轻的区，因处黄浦江东而得名。"浦东"二字最早出现在南宋，当时华亭县有"浦东"在内的5个盐场。

• 徐汇区

　　明末文渊阁大学士、著名科学家徐光启曾于此建立农庄，从事农业实验和著书立说，逝世后安葬于此。他的一部分后代在此居住，初名"徐家厍（shè）"，后渐成集镇。该处位于肇（zhào）嘉浜和李枞（cōng）泾两水会合处，故称"徐家汇"，区名由此而得。

• 普陀区

20世纪初公共租界在今昌化路至陕西北路间筑路，以浙江省佛教胜地"普陀山"之名命名为"普陀路"（1949年后向西延伸至西康路）。1945年建区时，取境内路名命名为"普陀区"。

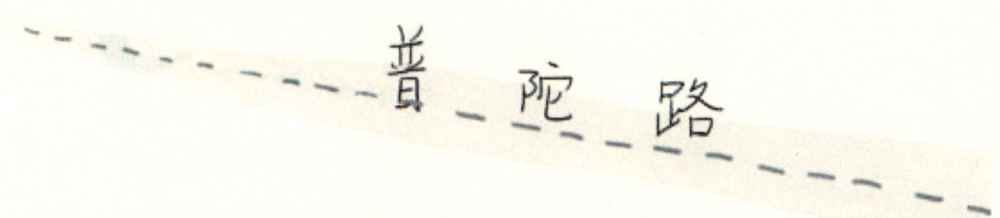

• 静安区

1945年建区时，取境内古刹静安寺而得名。相传静安寺建于三国吴赤乌年间，香火甚旺，为江南名刹。

• 虹口区

"虹口"的地名得名于"虹口港"：虹口港原名"洪口港"，在今虹口区南部，分"北洪""中洪""南洪"三段，北接俞泾浦，东纳沙泾港，南入黄浦江。1945年建区时，取境内港名命名为"虹口区"。

• 杨浦区

"杨浦"的地名得名于"杨树浦港"。"杨树浦港"原名"杨树浦",在今杨浦区西南部,北接走马塘,南入黄浦江。1945年建区时,取境内港名命名为"杨树浦区"。1949年改称"杨浦区"。

• 闵行区

"闵行"的地名得名于"闵行镇"。闵行镇原名敏行市,在今闵行区南部,明弘治时形成集市。相传因嘉靖时有文人闵其游学途中去世葬于此地,闵行镇以其姓得名。

• 松江区

松江区被誉为"上海之根、沪上之巅、浦江之首"。唐天宝十载(751年)设华亭县,元至元十四年(1277年)在此设华亭府,次年改名松江府,以府境内"吴淞江"而命名。

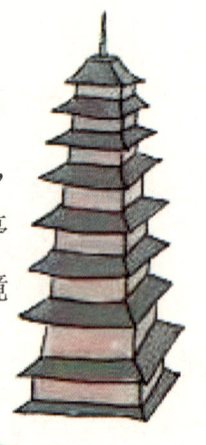

• 嘉定区

嘉定区前身为嘉定县。建自南宋嘉定十年十二月九日(1218年1月7日),以年号得名,属两浙西路平江府。嘉定有"疁(liú)城""练川""三侬之地"等别称。

·金山区

金山区原为金山县，因近海中的金山岛而得名。金山三岛古时原在陆上，同属一山，统称金山。现在的金山三岛由大金山、小金山、浮山三岛组成。

·长宁区

长宁区得名于"长宁路"，长宁路原为光绪年间公共租界"白利南路"，后以四川省长宁县名改称"长宁路"。1945年置区时，因长宁路横贯境内，命名为"长宁区"，解放后沿用此名。

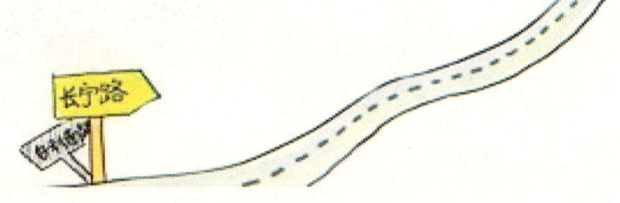

·宝山区

因山得名。明成祖朱棣曾命人在长江口南岸堆筑一座土山，用作航海标志，永乐皇帝定其名为宝山。后此山坍没于海，但"宝山"的名字却沿用至今。

> 主题内容

•青浦区

明嘉靖二十一年（1542年），建制青浦县。因县治在青龙镇，县境东部有五浦［赵屯、大盈、盘龙、顾会、崧（sōng）子］，就有了青浦的名称。

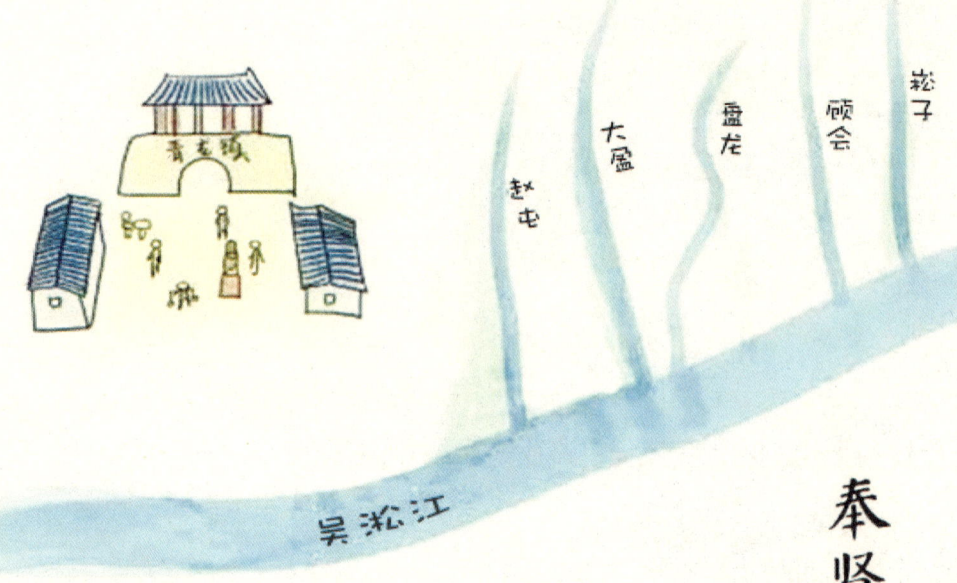

•奉贤区

清雍正四年（1726年）正式自华亭县析出建县。因相传孔子弟子言偃（子游）曾来境讲学，故取名奉贤，取奉先贤之意。奉贤自古就有"敬奉贤人，见贤思齐"的历史文化传统。

•崇明区

距今1300多年的唐代武德年间，崇明岛露出江面，被称为东沙和西沙。五代时在西沙设崇明镇。"崇"为高，"明"为海阔天空，"崇明"意为高出水面而又平坦宽阔的明净平地。

走进上海城市规划馆,了解上海的昨天、今天与明天。

问题角

上海的昨天
1. "申""沪"由来是什么?
2. 解放前上海作为租界是如何演变的?
3. 为什么上海被称为"万国建筑博览会"?

上海的今天
1. 上海自改革开放以来的建设成就有哪些?
2. 上海当前规划建设的重点项目有哪些?
3. "上海之晨"艺术模型上的建筑你认识哪几个?

上海的明天
1. 上海在2020年要基本建成的四个中心是哪四个?
2. 上海2040年的发展的总体目标是什么?

探究园

1. 上海简称"申城",和哪位历史人物有关?
   (春申君黄歇)
2. 上海进入历史发展的转折点,从一个不起眼的海边县城开始朝着远东第一大都市前进,是从 <u>1843</u> 年开埠开始的。
3. 你知道下面这些海派方言里的"洋"玄机吗?连一连。

殟(wēn)塞 —— 出租汽车;英语charter的音译
混腔势 —— 面子,架势;时髦
肮三 —— 不舒服,烦闷
台型 —— 蒙混过关,英文chance意为机会
差头 —— 差,令人不快,失望;弄僵;不正派,英文 on sale

学习单

交流台

1. 观看"上海之晨"艺术模型,说说你所认识的建筑有哪些?

- 东方明珠电视塔
- 金茂大厦
- 上海中心
- 和平饭店

- 南浦大桥
- 上海大剧院
- 外白渡桥

2. 在城市规划模型上,找一找。

(1) 你学校的位置在哪里?

(2) 你家的位置在哪里?

上海城市规划展示馆——知我上海

活动目标	了解上海城市形成与发展的历史与城市建设现状与规划，感受"上海城市规划馆"建筑的独特魅力。
活动准备	收集上海城市规划馆的相关图片和文字资料。
活动内容	**活动一 上海城市规划馆知多少** 1. 介绍上海城市规划馆。 2. 自由分组，选择各自感兴趣的内容开展讨论。 　　讨论①："申""沪"是怎么由来的？ 　　讨论②：目前，上海的面积有多大，人口有多少？ 　　讨论③：上海城市规划展示馆中各展馆有哪些特点？ 　　讨论④：上海有哪些标志性建筑？ 　　讨论⑤：其他 3. 根据探究问题制作探究方案。 　　我的任务是收集 上海各区名称由来 的资料，成果展示形式是 PPT 等。 **活动二 参观上海城市规划展示馆** 1. 重点参观"历史文化名城厅""总体规划厅""专业和重点建设规划厅"。 2. 收集"上海各区名称的由来"的资料。 3. 在城市规划模型上，找一找学校或家的位置。 **活动三 上海各区名称的由来** 1. 介绍上海最新的行政区。 2. 介绍崇明县。 3. 设计上海各区名称由来的PPT。
拓展活动	1. 收集纽约、伦敦等国际大都市资料。 2. 规划你心目中理想的大都市。

上海民防科普教育馆

民防是政府动员和组织群众，采取防空袭等抗灾救灾措施，实施救援行动，防范和减轻灾害、危害的活动。它涉及到生活的各个方面，是涵盖了多种学科的综合体。了解民防，让我们的生活更安全；了解民防，尽在上海民防科普教育馆。

上海民防科普教育馆共分为序馆、人民防空馆、防灾减灾馆、回顾展望馆四个部分。通过展示历史上的空袭、空袭兵器、现代空袭特点等内容，重点介绍人民防空的有关知识和技能，以及如何应对现代化空袭的各种有效方法和途径。教育馆结合上海易发灾情情况，重点介绍台风、风暴潮、雷电、地震等灾害事故的成因、危害和防护措施，并通过4D影院、地铁逃生、现场救护等一些互动性设备和装置，让你亲身体验和参与，熟练掌握逃生方法及自救互救技能。

小贴士

地　　址：上海市复兴中路593号民防大厦

交　　通：公交146、17、24、304、864、986路

开放时间：周二至周日9:00~16:00（每周一馆休），团队预约

科普民防安全

假如你希望掌握更多的自救互救常识，假如你想在危难关头挺身而出拯救更多人的生命，那么请进入民防科普馆，体验祖国的强大，感受科学的力量。

序馆

在这里，你所目睹的，不仅仅是一幅幅灾难场景的照片，也不仅是前人的警示，更是一场视觉上的冲击。走进序馆并置身其中，在黑与白的世界里感受心灵的震撼……

人民防空馆

你是军事迷还是武器迷？你关注我们国家的防空安全吗？那么这里是你绝对不可错过的军事海洋。这里展示了空袭历史、各种空袭武器、现代空袭特点、城市防空及核化生武器（核武器、化学武器、生物武器）防护等知识、图片和模型；还介绍了人民防空的有关知识和技能。

主题内容

• 空袭警示展区

主要展示了人类飞行和空袭的发展史，从莱特兄弟发明飞机到1911年意土战争人类首次空袭，再到一战二战及现代的著名轰炸机都呈现在我们的眼前。通过展示德军轰炸英国伦敦、原子弹轰炸日本等重大空袭战例的历史照片，让你亲身体验到空袭对城市所造成的巨大伤害和影响。同时，这里还运用声光电等手段，全景再现了城市遭受空袭的整个过程，相信你一定会被这种奇妙的体验震撼。

• 城市防空展区

展示了我国的部分歼击机、防空导弹及防空武器；通过高科技的幻影成像技术配合防空警报音响试听和防空警报器实物，为我们演示了城市居民在听到防空警报后应采取的一系列行动，相当逼真。

- **核化生展区**

展示了原子弹、中子弹、氢弹等核武器以及化学武器和生物武器的模型，让我们了解核武器、化学武器和生物武器的作用原理和它们恐怖的破坏力。其中核化生防护的展示，让我们学会在灾难面前如何保持冷静，如何提高自助与自救能力。

防灾减灾馆

我国是世界上自然灾害最为严重的国家之一，灾害种类多，分布地域广，发生频率高，造成的损失严重。

- **灾害事故与防护展区**

这里集中展示了与上海城市密切相关的台风、风暴潮、雷电、龙卷风、地震、海啸、化学事故、传染病、火灾九种灾害事故的形成、危害及相关防护知识。

主题内容

通过多样的形式与丰富的图解和模型，了解如何与环境和谐共处。让你在参观过程中感受自然的力量与自我防护的知识。

- **紧急自救与互救展区**

在这里你可以体验各种模拟拨打求救电话，或是在地铁逃生系统中参与模拟地铁逃生自救，还可以近距离接触各种特种救援器材哦！此外，这里还准备了数量众多的各种人体模型，可以让你学习心肺复苏、止血、爆炸、骨骼固定等急救（应急救护）常识。

回顾展望馆

　　这里介绍了上海民防事业的发展历程和规划，让大家能进一步地了解上海民防的工作情况，进一步激励大家树立国防观念，增强民防和防灾减灾意识。

　　让我们尊重生命，与万物同存共荣，共同构建坚不可摧的城市安全体系，为营造一个安全祥和的家园而努力。

逃离火场

应该很少有人亲身经历过火灾，所以，大家往往会对火灾产生麻痹大意。但是一旦发生火灾，其破坏性是巨大的，不仅毁坏物质财富，破坏生态环境，导致伤残，甚至夺去生命，给人们造成巨大的灾难。

所以，我们要尽量避免和预防火灾的发生，以减少火灾造成的损失和伤害。

如何预防火灾

在生活中，火灾的发生一般是由于用火不慎或用电不当造成的，所以要预防火灾主要从以下两方面着手。

1. 注意用电安全

- 不要乱接电线，乱拉电线。
- 要用功率匹配的电器设备，大功率电器尽量不要同时工作。

- 经常检修电路。
- 平时用的电器插头，不用时最好拔掉。

2. 小心火源

- 小朋友不要玩火。
- 尽量不要使用蜡烛、明火，尽量使用手电筒等充电设备照明。
- 注意烟蒂的火星，要确认熄灭。
- 室内不存放易燃易爆物品，若需要存放则要注意远离火源。
- 使用煤油炉、液化气罐、酒精炉等设备时要小心行事，以免液体外溅，引发火灾。

当然，万一发生火灾，我们也要懂得如何逃生自救。

火灾如何逃生自救

1. 火灾袭来时要迅速逃生，不要贪恋财物。

主题内容

2. 家庭成员平时要了解掌握火灾逃生的基本方法，熟悉几条逃生路线。

3. 受到火势威胁时，要当机立断披上浸湿的衣物、被褥等向安全出口方向冲出去。

4. 穿过浓烟逃生时，要尽量使身体贴近地面，并用湿毛巾捂住口鼻。

5. 身上着火，千万不要奔跑，可就地打滚或用厚重的衣物压灭火苗。

6. 遇火灾不可乘坐电梯，要向安全出口方向逃生。

7. 室外着火，门已发烫，千万不要开门，以防大火蹿入室内，要用浸湿的被褥、衣物等堵塞门窗缝，并泼水降温。

8. 如果逃生线路被大火封锁了，要立即退回室内，用打手电筒、挥舞衣物、呼叫等方式向窗外发送求救信号，等待救援。

9. 千万不要盲目跳楼，可利用疏散楼梯、阳台、落水管等逃生自救。也可用绳子或把床单、被套撕成条状连成绳索，紧栓在窗框、暖气管、铁栏杆等固定物上，用毛巾、布条等保护手心，顺绳滑下，或下到未着火的楼层脱离险境。

居民家庭火灾在火灾中占有相当大的比例，所以在家中应配备一些火灾逃生物品。

家庭应备火灾逃生"四件宝"：

   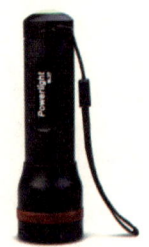

家用灭火器　　　应急逃生绳　　　简易防烟面具　　　手电筒

将它们放在随手可取的位置，危急关头便能派上大用场。

一旦火灾降临，在浓烟毒气和烈焰包围下，只有冷静机智地运用火场自救与逃生知识，才有可能拯救自己、拯救他人。

服务他人，充实自己，学习民防，拓宽视野，就在上海民防科普教育馆。

问题角

军事大调查

1. 核武器原理是什么？
2. 现代空袭作战有什么特点？
3. 美国在日本广岛和长崎投放的两枚原子弹分别叫什么？

防灾减灾大考验

1. 地震时，应该怎么做？
2. 身上着火了，应该怎么做？
3. 乘坐地铁不能携带什么物品？

探究园

1. 下面哪些行为（情境）会导致火灾。请你在下列图下方括号内打"○"，否则"√"。

（○）

（○）

　　　　　　　（○）　　　　　　　　　　　　　（√）

2. 判断对错。

　　①地震发生时，应迅速有序地疏散到安全地区。　　　　　　　　　（√）

　　②地震时，可使用电梯迅速撤离。　　　　　　　　　　　　　　　（×）

　　③地铁车厢里发生险情，若现场昏暗，可用打火机点火照明，帮助逃生。

　　　　　　　　　　　　　　　　　　　　　　　　　　　　　　　　（×）

　　④当遇到地铁事故时，应跟随"安全通道"标志或地铁乘务员的指挥，有序
　　　迅速地疏散。　　　　　　　　　　　　　　　　　　　　　　　（√）

　　⑤遇到火灾时，赶紧带上重要的东西逃生。　　　　　　　　　　　（×）

3. 海啸前有什么预兆？

　　• 海面上冒出很多气泡，并发出滋滋的响声。

　　• 大批海鸟惊恐万分地飞离。

　　• 海水异常地暴退或暴涨。

　　• 大批鱼虾等海生物在浅滩出现。

　　• 其他

4. 学打逃生结。

　　• 如果要将绳子固定到结实的窗栏上，可用（丁香结）。

　　（1）将绳索活端绕过木棒　　　（2）活端压在绳索上，再绕木棒一周

(3) 将活端向上从绳下穿过，活端方向与绳索固定部分方向相反

(4) 将两环靠近再拉紧

- 如果要将两条绳子连起来，可用（渔人结）。

 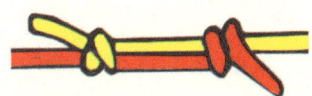 

(1) 将两条绳子的前端交互并列，其中一条绳卷住另一条绳子打一个单结

(2) 另一边也同样打上一个结

(3) 将两条绳端用力向两边拉紧子

交流台

1. 与小伙伴说说你对上海民防科普教育馆最感兴趣的展馆。

   - 分序馆
   - 人民防空馆
   - 防灾减灾馆
   - 回顾与展望馆

2. 交流参观中你感兴趣的展品。

   - 隐身战斗机
   - 升降立体模型
   - 英式和靠墙电话亭
   - 其他

上海民防科普教育馆——危险我知晓

活动目标	知道民防科普知识，提高安全自我保护意识。知道地震逃生、地铁逃生、火灾逃生等的基本要领，提高应急避险自救自护技能。
活动准备	收集民防科普知识的资料，了解一些灾难来临时的逃生技巧，学会保护自己；收集各种相关的火灾报道。
活动内容	**活动一　民防知识知多少** 1. 介绍上海民防科普教育馆的各展区主要内容。 2. 自由分组，选择各自感兴趣的内容开展讨论。 　　讨论①："核化生"分别指什么？ 　　讨论②：家庭必备的火灾逃生"四件宝"，分别是什么？ 　　讨论③：哪些行为会导致火灾？ 　　讨论④：海啸来临前会有什么预兆呢？ 　　讨论⑤：其他 3. 根据探究问题制作探究方案。 　　我的任务是收集 <u>逃离火场</u> 的资料，成果展示形式 <u>宣传小报</u> 等。 **活动二　参观上海民防科普教育馆** 1. 重点参观"人民防空馆""防灾减灾馆"。 2. 收集"逃离火场"的资料。 3. 参与模拟地铁逃生自救体验活动。 **活动三　逃离火场** 1. 介绍生活中火灾隐患。 2. 介绍以下火灾场所的不同逃生方法。 　　・住宅　　・公共交通　　・商场或影院 3. 设计家庭火灾逃生路线。
拓展活动	进一步了解台风、洪灾、龙卷风、海啸等自然灾害的特点和逃生技巧。